LEVEL UP BOOK with DVD

【DVDでよくわかる】

ミニバスケットボール上達テクニック

奥野俊一 監修
（元男子世界選手権U-20日本代表チーム監督）

3つの要素

①準備

プレー実行前の準備ができていないと、スムーズにプレーできない

②実行

姿勢や正確な動きができていないと、いい結果が出ない

③後始末

自分がプレーを終えたところで止まってしまうと、つぎのプレーの始まりにつながらない。終わり方が大切

ミスをするから上達する 失敗から学んで成長する

いつもいいプレーばかりしている子どもはいません。たとえば、シュートミスをしなければ、シュートは決してうまくなりません。失敗をして、頭で考え、心の中であたため、それを教訓に学んでいくからこそ、上達するということを忘れないようにしてください。バスケットボールに限らず、何事においても、大人になってからでも失敗は起きるものです。大切なのは、そこから何を学ぶかということなのです。

失敗の原因をつきとめ、理解した上で、失敗をなくす努力を続けることが大切です。指導者や保護者の皆さんにも、失敗を責めるのでなく、その原因を明らかにするような姿勢で子どもたちに接していただきたいと思います。

すべてのプレーには、「準備」、「実行」、「後始末」の3つの段階があり、この中のひとつが欠けただけでも、正確なプレーができなくなってしまいます。しかし、どうしても目につきやすいのが、「実行」部分であるため、問題とされるのも実行段階のみとなっているのが現状です。

この本を手にとった子どもたちにとって、バスケットボールを単なるスポーツ競技としてだけでなく、これから先の長い人生に対する「ひとつの練習」としてとらえてもらいたいものです。そして、バスケットボールとの関わりを通じた、人間形成を第一に考えてもらいたいと思います。

子どもたちのみならず、指導者、保護者の皆さんもいっしょになって、失敗をおそれずに、今より半歩一歩と前進していただきたいと心から願っています。

CONTENTS

PART5

DVDの使い方

DVD を再生すると自動的にオープニング映像が始まります。オープニング終了後、下のトップメニュー画面が表示されます。

カーソルを各項目の文字部分に合わせると、文字の色が反転して表示されます。その状態で各項目選択すると、画面がサブメニューに移動します。「ALL PLAY」を選択した場合のみ、連続してすべての映像が再生されます。

サブメニュー画面で、見たい項目の文字部分にカーソルを合わせ、文字の色が反転したところで選択すると、その項目のみが再生されます。サブメニュー画面上で「ALL PLAY」を選択すると、その章の項目のみが連続して再生されます。

Part2、Part5 のみサブメニューが 2 画面に分かれて表示されます。最初のメニュー画面で「次へ」を選択すると後半部分のメニュー画面に進むことができます。

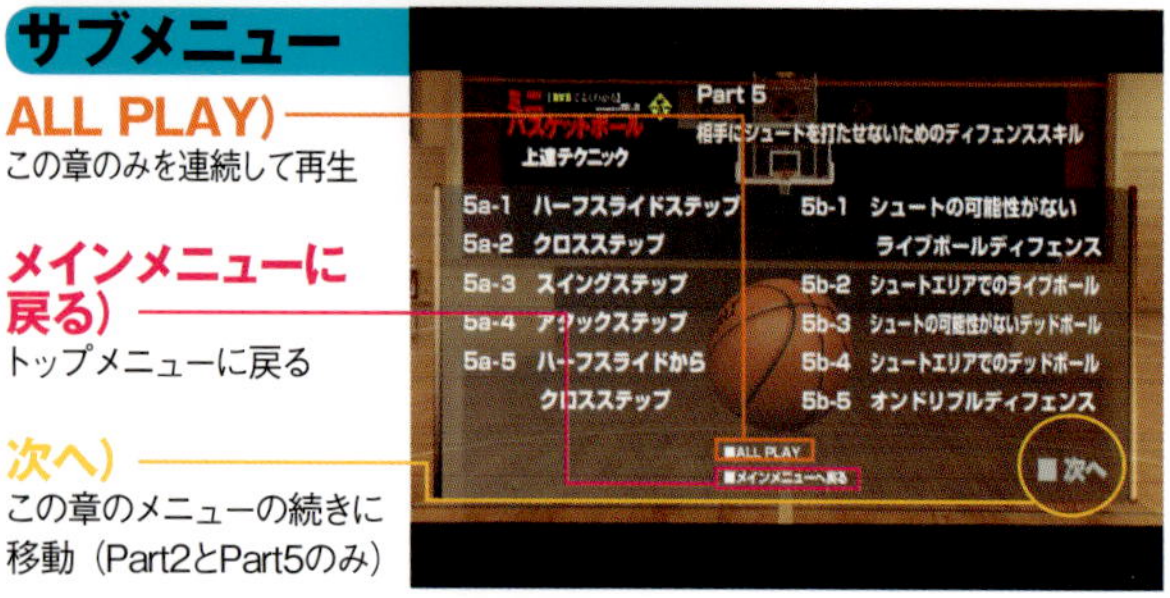

本書付属のDVDのご利用について

※DVDビデオは映像と音声を高密度に記録したディスクです。DVDビデオ対応のプレーヤーで再生してください。詳しい再生上の取り扱い方については、ご使用になるプレーヤーなどの取扱説明書をご覧ください。

※カーナビ一体型カーステレオ、ハードディスクレコーダー、CD-RレコーダーのDVD-ROMドライブを使用したプレーヤーでは不具合を生じることがあります。また、Windows、Macintoshにかかわらず、すべてのパソコンでの再生を保証するものではありません。作業工程上からの不良品以外、交換、返品には応じられません。ご不明な点はあらかじめ小社までお問い合わせください。

約54分

PART1

確実に試合で使えるようになる

ドリブリング

1-1

ドリブルの基本姿勢

ドリブルで大切なのは、正確なつき出しとボールの受け入れ。
左右で苦手をつくらないように練習しておこう

右手のドリブル

背筋

背中が大きく曲がっていると、頭が下を向いてしまったり、ボールを手先だけでコントロールしやすくなり、ドリブルがみだれてしまうので気をつけよう

足の位置

ボールと相手ディフェンスの間に、自分の体を入れるように、足を前後に開いて体の内側でドリブルする。前にある足のつま先をしっかり前方に向けることで、どの方向にも動きやすくなる

目線

ボールばかりを見るのでなく、しっかり目線を上げて、バスケット（ゴール）と他の選手の動きを見ながら、つぎのプレーをイメージすることが大切

ボール

もっともコントロールしやすい腰の高さでボールを受け入れるようにしよう。高さがバラバラで、受け入れがしっかりできていないと、つぎのつき出しが正確にできなくなり、ドリブルが乱れてくる

右手

ひじが体からはなれすぎないところで、5本の指でしっかりボールをコントロールしてつき出すことが大切。腕や肩、手首、指先に力が入りすぎないように気をつけ、指を広げて、やわらかくボールを受け止める。つき出すときは、つき出す方向に指先を向けるように、やわらかく腕を使う

左手

ディフェンスにボールをとられないように、手のひらを内側に向けるハンドガード。手のひらが外を向いていると相手をおさえているとみなされて、ファールになることもあるので注意しよう

ひざ

両ひざをかるく曲げておくことで、どの方向にもすばやく動くことができる。ひざがのび切ってしまうと、体重がどちらか一方の足にかかりやすく、動き出すのに時間がかかったり、動きの幅が小さくなってしまうので気をつけよう

つねに頭を上げて、ボールに視線を落とさないことが大切

ボールを受け入れたときに下から持ち上げないように注意

左手のドリブル

右手と同じように、左手でもしっかりコントロールできるようにしておくことが大切。いいディフェンスは、左手のドリブルとなる方向にプレッシャーをかけて来るので、苦手なサイドをなくしておくことが大切

　速攻からの得点が多いミニバスでは、ドリブルに自信がないと、どうしてもプレー自体が弱気になってしまいがち。弱気になったぶんだけ、得点のチャンスをのがしてしまう。正確なドリブル技術を身につけておくことが大切だ。

　ドリブルでもっとも大切なのが、1回目のボールのつき出しと、床からはね上がったボールの受け入れだ。最初にボールを落とす位置が、体の正面になっていたり、走るスピードと合っていないと、リズムがみだれて、バラバラなドリブルになってしまう。

　また、ボールのつき出しが強すぎたり弱すぎると、ドリブルのみだれにつながる。ボールは腰の高さでコントロールするのがベスト。バウンドが高くなりすぎない強さで送り出すことが大切だ。

　ディフェンスがいるときは、なるべくディフェンスから遠いところでボールをキープして、フリーハンドでしっかりガードしよう。このとき、手のひらが相手を向いているとファールをとられやすくなるので、かならず手のひらを自分に向けておくことが大切。

　ボールとディフェンスの間に、自分の体を入れることでボールをとられにくくなる。前を向いたまま、しっかりボールをコントロールできるようにしておこう。

背すじをのばし、ひざを曲げて、どの方向にもすばやく動ける姿勢をしておくことが大切。ボールをつく位置は体の少し外側がベスト

1-2

ハーフスピードドリブル

前にスペースがあり、ある程度、余裕をもてる場面でも、いつでもディフェンスに対応できるようにしておくことが大切

ふつうのスピードでドリブルするときに気をつけたいのが、体を上下に大きく動かさないこと。走るときに体が上下にブレてしまうと、ドリブルの強さも安定しなくなってしまう。

頭が上下に動いてしまうと、視線も安定しなくなるので、状況判断が遅れる。ドリブル中に、頭や肩の高さが変わらないように練習しておくことが大切だ。

また、ボールを気にしすぎて手もとに目をやるクセはなくしておくようにしよう。つねに頭を上げて、まわりの状況に合わせた動きができるようにしておくことが大切だ。

そのためにも、ボールはもっともコントロールしやすい腰の高さが基本だ。体の幅の少し外側で床につくようにしておこう。

ボールはディフェンスがいないサイド、右コートでは右手、左コートでは左手でドリブルするクセをつけておこう。

腰の高さがもっともボールをコントロールしやすいところ。高くなりすぎたり、高さがバラつかないようにしよう

目線を上げて、前を向いたままドリブルできるようにしておこう

足の少し外側にボールをつくようにしよう

1-3
DVD VIDEO

スピードドリブル

速攻のときにはスピードのあるドリブルが不可欠。安定したドリブルが確実な得点につながる

腰の高さでボールを受け入れ、スピードに合わせてしっかりつき出す。スピードが速いので、ボールが指先についていないと、乱れやすい

顔を上げて、前を見ながら、相手の動きをつかんでおくことが大切

速いドリブルのときでも体が上下に大きく動くとドリブルが安定しなくなるので注意しよう

試合では、ボールを相手からうばった直後や、得点されてしまった直後からの速攻（ファーストブレーク）がもっとも得点につながりやすい。

このとき大切なのが、すばやいボール運び。すばやく相手コートまでボールを運び、もっとも確実なレイアップシュートを決めるのが理想となる。

しかし、ただ速く走ることばかり考えて、スピードまかせのドリブルをしていたのでは、ボールが手につかずにドリブルが乱れたり、最後のパスやシュートのときにボールをつかみそこねるようなミスが起こりやすくなる。

スピードドリブルのときにも、しっかり腰の高さでボールをコントロールして、目線を下げずに、体が上下に大きく動かないようにすることが大切だ。

そして、左右どちらの手でも、同じようにドリブルできるように練習しておこう。

体の少し外側でバウンドするようにボールをコントロールしよう

1-4

チェンジオブペース
（トップスピード→スローダウン→トップスピード）

周囲の状況に合わせてドリブルのスピードとリズムを変化させよう

試合でも使えるドリブルのテクニックでもっともシンプルなのが、スピードとリズムを変化させるチェンジオブペース。

自分の前にスペースがあるときなどに、一気にスピードドリブルで前に運び、ディフェンスが近づいてきたところでスローダウン、ディフェンスがスピードを落として合わせてきたところで、一気にスピードドリブルに切りかえる。

スローダウンしたときは、かならずボールをディフェンスから遠いサイドにキープして、フリーハンドを上げ、ボールをとられないようにハンドガードする。スピードを落とすときには、ドリブルのリズムもゆっくりさせることで、動きにさらにメリハリをつけることができる。

チェンジブペースで相手をぬき去るためには、スローダウンしたところからの、キレのあるスピードの切りかえがポイントとなる。スローダウンしたときには、上半身は起こしても、腰は低くしたままの姿勢をキープしておくことが大切。ひざが伸び切ってしまうと、するどい加速ができなくなってしまうので気をつけよう。

いろいろな場面を考えて、左右どちらの手でも練習して、苦手なサイドをつくらないようにしておこう。

スローダウン時

フリーハンドでハンドガードする。上半身を起こすが、腰は落としたままで、ひざは曲げたままタメをつくっておく。ドリブルのテンポも遅くしてメリハリをつけると効果的

トップスピード

スローテンポから、床をけって一気に加速。上半身を前にたおして、ドリブルのテンポも速くしていく。腰の位置が高くなったり、体が上下に動かないように注意しよう

トップスピード

クロスオーバードリブル

ボールを左右に移動させてディフェンスを破るテクニック。
すばやいボールの移動と、するどいコースどりが成功のカギ

ディフェンスの目の前でボールを左右に動かしてぬき去るテクニックがクロスオーバードリブル。左右の動きの幅が大きいほど効果的。自分の体の外側から外側に向かってボールを移動させるのが目安となる。

ポイントとなるのはボールの受け入れ。移動させたボールを受け入れるときは、腰からひざの間のなるべく低い位置で、指先から手のひらに吸い込むようにすることが大切。下からすくい上げてしまうとダブルドリブルになるので気をつけよう。

もうひとつ大切なのが、走りぬけるコース。最後はディフェンスの横ギリギリのところに踏みこんでいくことで、ディフェンスを完全に置いていくことができる。左右の大きな動きから、最後はタテにするどく切れこもう。

受け入れる高さは腰からひざの間のなるべく低いところ

低い姿勢のまま、ボールを左右に移動させる

右→左の場合

体の外側から反対側に大きく左右に移動させることが大切

低い姿勢のまま横に大きくステップ

インサイドアウトドリブル

クロスオーバーをしようとしてディフェンスに読まれた場合、
一気に方向を切りかえてぬき去るテクニック

クロスオーバードリブルをしようとして左にステップをはじめる

ディフェンスがクロスオーバーを読んで左に回りこんだところでボールを右に押し出す

クロスオーバードリブルをしようとして、ディフェンスにその動きを読まれたときに、とっさに方向を切りかえるのがインサイドアウトドリブルだ。クロスオーバーと一緒に練習しておくことで、いろいろな場面に対応できるようになる。

　クロスオーバーと見せかけて、ディフェンスを引きつけたところで、すばやくボールを外側に押し出すのがポイントだ。

　切りかえしたあとは、ディフェンスのすぐ横にするどく切りこむことで、完全にぬき去ることができる。横に大きくふくらんでしまうと、ディフェンスに追いつくための時間とスペースをあたえてしまうので気をつけよう。

切りかえしたあとは、横に大きくふくらまずに、するどくタテに切れこむことが大切。ディフェンスのすぐ横に入れば、確実にぬき去ることができる

ディフェンスを引きつけたところでボールを押し出すのがポイント。手首をかえすときにボールを持たないように注意しよう

左手の場合

1-7

レッグスルー

前後に開いた足の間にボールを通すのがレッグスルー。
試合でも使えるようになるために、いつも練習しておこう

小学生の場合、体が小さく、足も短いため、試合であまり見かけることはないが、しっかり練習しておくことが大切。

練習では、前に歩きながら、1ドリブルごとに左右からボールを足の間に通していこう。顔を上げて、視線はつねに前に向けて、姿勢が高くなったり、上半身が左右に曲がらないことが大切。

また、ここでもボールの受け入れが重要なポイントとなる。左右の大きなブレをつくりたくないので、腰からひざの間の、なるべく低い位置でボールを受け入れるようにしよう。このとき、下からすくい上げるのでなく、指を開いてボールをむかえこむように手のひらにおさめるようにしよう。

ディフェンスにコースをふさがれたときに、方向を切りかえすのに便利なテクニックだ。

上半身を垂直に保ったまま ボールをつき出して受け入れる

つき出しや受け入れのときに、上半身はつねに垂直にしておくことが大切。

左右の動きが大きくなると、相手に動きを読まれやすくなるだけでなく、ボールを受け入れたあとにバランスをくずしたり、姿勢が悪くなって、つぎのプレーが限られてしまう。

腰を低くして、顔は前に向けたまま、正しい姿勢でできるようにしておこう。練習でなれてくれば、試合中のドリブルの中でも徐々に使えるようになってくるはずだ。まずはミスをおそれずしっかり練習して、自然に使えるようにしておくことが大切だ。

NG

ボールをつき出すときや受け入れるときに上半身が左右にかたむくと、バランスがくずれてしまうので注意しよう

1-8

ビハインドザバック

きびしいディフェンスに対して有効なテクニック。
まずは得意なサイドから練習してみよう

ボールをうしろに回したあとのハンドリングが大切

5本の指を使って、なるべく低い位置でしっかりボールを受け入れる

ボールをうしろから回すときに、姿勢が高くならないように注意する

ディフェンスをぬいたあとのシュートやパスと合わせて練習しておこう

ディフェンスがドリブルサイドによってきたときに、体のうしろからボールを逆サイドにまわすテクニック。

伸び上がらずに、姿勢を低くしたまま、なるべくバウンドを短くすることがポイントになる。バウンドが大きくなると、姿勢が高くなったり、横に大きくブレてしまうので注意しよう。

自分のうしろにボールを通すだけのスペースがあるかを確認し、バウンド後は、なるべく低い位置で受け入れるように心がけよう。

タイトなディフェンスのときに使うテクニックなので、ドリブル後のシュートやパスと合わせて練習しておくことが大切だ。

1-9

パワードリブル

**ディフェンスの強いプレスに対して、力負けせずに
ポジションをとりにいくためのドリブルがパワードリブルだ**

プレッシャーの強いディフェンスに負けないためのドリブルをパワードリブルと呼ぶ。

試合の中では、バスケット近くでポジションをとるときや、プレスディフェンスを突破するときに必要となるドリブルだ。

姿勢を低くして、ハンドガードでボールを守りながら、ディフェンスに押しこまれないようにするのがポイント。ボールは広げた足の内側でキープして、ディフェンスとの間に、つねに自分の体を入れることが大切だ。落とした腰の位置よりボールが高くならないように注意しよう。

また、ディフェンスに向かっていくときに、無理矢理押しこんでしまうとチャージングをとられてしまうので気をつけたい。2人のディフェンスにかこまれたとき（ダブルチーム）にも落ちついてファールしないように気をつけよう。

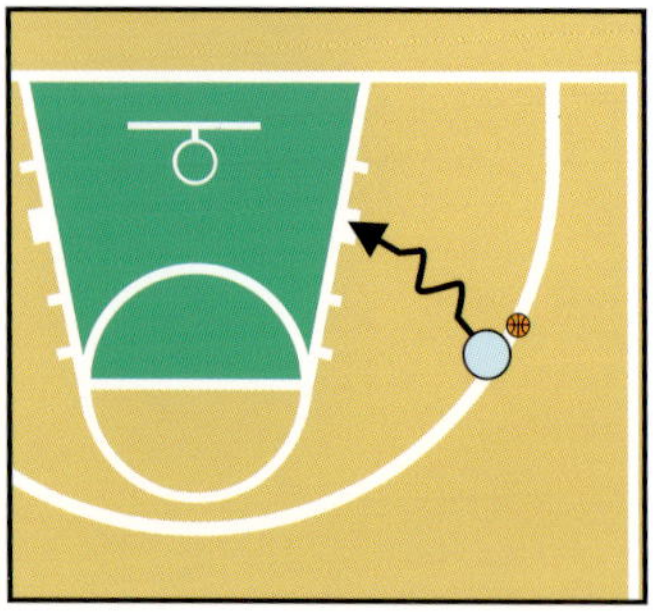

ここでは右ウイングのポジションからローポストに向かってのパワードリブルの設定

目線はバスケットに向けたまま、いつもシュートを狙えるように準備しておく
自分のポジションやまわりの選手の動きを見失わないようにしよう
ボールが高くならないように注意。つねに低いイメージをもっておこう

目線

目線はつねにバスケットに向けておく。つねにシュートを狙っている姿勢を見せておくことで、ディフェンスにプレッシャーをあたえることができる

フリーハンド

ハンドガードして、ディフェンスとボールの間に自分の体を入れてボールをガードする

スタンス

前後に大きく足を開いて、腰を低くして、多少、押しこまれても、バランスをくずさないようにする

腰を落とした低い姿勢で、広いスタンスの内側でドリブルする

手のひらを自分の方に向けてハンドガード

両足が完全にそろわないように足を前に送りこむ。足がそろってしまうと押しこまれたときに負けてしまう

1-10

パワードリブルからのプルバック

パワードリブルで強引に前に行けない場合は、
いったん下がることでつぎのプレーの幅が広がる

バスケットに向かって強引にいくつもりでドリブルする

力まかせに前に出るとチャージングをとられるので注意しよう

前に進めないと感じたところで一気にすばやくプルバックする

低い姿勢を保ったまま、一気にすばやくうしろに下がる。ハンドガードを下げないように気をつけよう

パワードリブルで強引に前にいこうとしても、力まかせにつっこんでしまってはチャージングをとられてしまう。そこで前にいくと見せかけて、すばやく後ろに引くのがプルバック。

プルバックすることで、ディフェンスとの間にスペースができるため、まわりの様子を見ることができる。ディフェンスとの間のスペースを利用して、つぎのプレーにつなげることができるのだ。

相手がダブルチームでプレスをかけてきた場合などは、パスコースを確保できる。また、スペースを利用して、クロスオーバードリブルなどでぬき去ることもできる。

シュートエリアでは、プルバックするときも、つねに視線をバスケットに向けておくことで、ディフェンスも意識がバスケットにいき、プルバックすることでスペースもできやすい。あいたスペースを利用して、チャンスさえあれば、いつでもシュートをねらえるように準備しておこう。

バスケット近くでは、つねに目線をバスケットに向けて、ディフェンスにプレッシャーをあたえる

スペースがある場面ではランニングステップ

すばやく長いプルバックで、ディフェンスとの間にスペースができればシュートを打つことにもつながる

顔を上げて、つねにまわりの選手の動きを見る。シュートエリアではバスケットを見ることが大切

Column 1

左手のドリブルになれておこう

練習や試合を見ていてよく感じるのが、きき手のドリブルはいいのだが、逆のドリブルになると一気に安定しなくなってしまう選手が多いこと。とくに右ききの選手が多いため、ドリブルが左手になった瞬間に、ボールをうばわれてしまうことが多いのだ。

右ききの選手が右手だけのドリブルにたよってしまうと、実際にはコートの右半分しか使えない。ディフェンスも右に追いやることさえできればいいので、とても守りやすくなる。

ドリブルの練習では、つねにきき手ではない方から練習すると、苦手意識をもたずにプレーできるようになるだろう。きき手にたよるクセがつく前に、この習慣をつけておくといいだろう。

まず、得意なサイドから練習して、と考えていると、どうしても、きき手以外のプレーに対して、苦手な意識がめばえ、とっさに手が出なくなってしまう。

両手で同様にプレーできることで、コート全面を使えるようになるだけでなく、プレーの幅も倍以上に広がり、バスケットボールがさらに楽しくなる。

左手のドリブルが苦手で、右手のドリブルしかできないと相手に先を読まれてしまう。さらにうまいディフェンスになると、苦手な左手ドリブルに持ちこまれてしまう

右→左、左→右のクロスオーバーだけでなく、連続した動きにつながる

左手のドリブルができるようになると、左右どちらからのクロスオーバードリブルもできるようになるだけでなく、連続したクロスオーバードリブルや、それを読まれたときのインサイドアウトドリブルへのバリエーションも広がる。

PART2

確実に得点につながる

シューティング

シュートを確実に決めるために

バスケットボールは、得点をとりあうスポーツ。
成功率の高いシュートを身につけることが勝利への第1歩

シュートが入らない原因を理解することが上達への近道

「シュートが入らない」「練習だと入るのに、試合で入らない」「かんたんなシュートを外してしまう」「入るときと入らないときの差が大きい」など、シュートに関しては、いろいろと悩みも多いことだろう。

　しかし、どうしてシュートが入らないのかがわかっていなければ、悩んでいるだけでは、いつまでたってもシュートはうまくならない。

　シュートがうまくなるためには、シュートの基本をおぼえて、それをひたすら練習して、体におぼえこませるしかない。

　まずシュートを成功させるための3つの関係をおぼえて、シュートの練習をするようにしよう。

3つの関係

①ボールと自分

②バスケット（ゴール）と自分

③姿勢とフォーム

①ボールと自分の関係

最初に大切になるのが、ボールと自分との関係だ。パスやドリブルからシュートを打つときに、ボールがしっかりコントロールできているかが大切となる。

　もっともかんたんとされているレイアップシュートではずしてしまうのは、ラストドリブルからの「ボールの受け入れ」に問題があることが多い。コントロールされたドリブルから、しっかり腰の高さでボールを受け入れていれば、それほどミスは起きないことだろう。

　パスを受けてからのショットでも同じことがいえる。レシーブでしっかりボールが手についているか、シュートしやすいところでボールを受け、ムダな動きをせずにシュートの動きにスムーズにつながっているかが問題だ。

これらがうまくできていないと、リズムがみだれて、かんたんなシュートもはずしてしまう。
　それ以外にも、ディフェンスにスキをあたえてしまったり、ディフェンスが気になって、あせってシュート姿勢がみだれてしまうのだ。

②バスケットと自分

シュートをするときには、バスケットの位置がしっかりわかっていなければならない。試合中は、つねにバスケットの位置を意識してプレーしなければならない。

　ボールを受けるときは、つねにシュートを意識することが大切。シュートするつもりのないオフェンスに対しては、ディフェンスも楽に守ることができる。

　自分のポジションでパスを受けたら、どのようなシュートにつながるか、打てない場合はどうするのかを、イメージしながらプレーすることが大切だ。

　バスケットボールの目的は、ボールをバスケットにいかに多く入れるか、ということをわすれないようにしよう。

③姿勢とフォーム

　最後に、シュートの動作が大切となる。まず最初に基本の姿勢。姿勢がくずれていては、そこからの動きも安定しない。

　正しい姿勢から、正しい体の動きで、いつも安定したシュートを打てるように練習しよう。

シュートの基本姿勢

正しいシュート姿勢と体の動きをおぼえれば、シュートが成功する確率も高くなる

顔・目線
顔は前を向き、目線はバスケットをねらう。シュートの瞬間にバスケットから目をはなさないことが大切

背すじ
背すじはしっかりのばしておくことが大切。背中が曲がっていると、床をけった力が上半身に伝わらない

ひざ
リラックスさせて、しっかり曲げ、両足の裏でしっかり床をとらえる

シュートを打つときに、もっとも大切なのが基本となる姿勢。正しい姿勢ができていなければ、いくら体の使い方を説明されても、正しい動きをおぼえられない。まず、シュートを打つ前の姿勢をチェックしよう。

シュートのときに、もっともよくないのが、肩や腕に力が入ってしまうこと。腕の力でボールを投げようとすると、いつも安定したシュートが打てなくなってしまう。

シュートは体全体で打つということを忘れないようにしよう。

まず、両足の裏で床をしっかりとらえて、真上に力をつたえる。このとき、ひざがのび切っていたり、つま先の向きがバラバラでは、力は真上につたわらなくなってしまう。

つま先をしっかりバスケットに向け、ひざを曲げておくことが大切。両足がそろっていると、ふらついてしまうので、肩はばくらいに自然に開いておくことも大切。

シュートする手（シューティングハンド）のほうの足を少し前に出してかまえると、シュートのときに指先まで力がつたわりやすくなる。

下半身の力をボールにつたえるためには、背すじをまっすぐにのばし、シューティングハンドのひじを内側にしぼっておくことが大切。ひじが外に開いていると、力が外ににげてしまうため、腕の力だけでシュートを打たなければならなくなる。

もう一方の手は、ボールが落ちないように、横からそえるだけ。体がのび上がったときの反動で腕がのび、最後に手首をかえすようなイメージだ。

指先でボールの重さを感じながら、自然な動きで打てるようになれば、成功する確率も高くなるはずだ。体が前に流れたり、腕の力だけで投げないように注意しよう。

右ひじ

外に開きすぎていると力が外ににげてしまうので、少し内側にしぼるようにかまえる。前から見て、体の外に出ないように注意しよう

スタンス

両足を肩はばくらいに広げ、右足が少し前になるようにかまえる。右足のつま先がバスケットに向いていることが大切

左手

左手はボールが落ちないようにそえるだけ。シュートのときに左手でボールを押し出してしまうと、左右に安定しなくなる。両手打ちをしていた選手は要注意

右手

指を広げて、手の上にボールをのせるようにセットする。手のひらにべったりつけるのでなく、5本の指先にボールをのせるイメージだ

2-2

フリースロー

相手や状況に関係なく、正しく練習すればかならず得点につながるのがフリースローだ

フリースローは、バスケットボールの試合の中で、だれからもじゃまをされずに打てるシュート。

レベルによって差はあるものの、チームの得点の15%前後はフリースローからの得点となる。プロの選手でも、少なくとも練習の1割はフリースローに時間を使っている。

時間が止まっているため、緊張してしまう選手もいるかも知れないが、リラックスして力が入りすぎないように打つことが大切だ。

ジャンプショットとの違いは、はじめに足の位置をセットしなければいけないこと。レフェリーからボールを受けたら、ラインを踏まないように気をつけて、まず足の位置をセットしよう。

低学年や女子で、バスケットにとどかない選手は両手で打ってもかまわないが、できれば早いうちに片手のショットになれておくようにしよう。

両手打ちのクセがもっとも残りやすいのがフリースロー。下半身の使い方をおぼえて片手で練習しておこう。

ボールを受けたらまず足の位置をセットして、胸の前でかまえる

下半身をしっかりしずみこませることで、体のバネが使えるようになる

女子でも、下半身がしっかり使えていれば片手のワンハンドショットができるはず

高学年になったら、少しずつワンハンドの練習をしていくことが大切

打ち終わっても、最後までボールを指先で追うようにフォロースルーをとろう

左手はそえるだけ。両手打ちになれていると、左手を使ったショットになりやすいので注意しよう

ひじが体より外に出てしまうと下半身の力が上につたわらなくなってしまうので注意

手首をやわらかく使って、ボールに回転をかける。回転をかけようとして、腕の力だけで投げてしまわないように注意しよう

下半身でのび上がった力を、腕、ボールの順につたえていく

背すじをしっかりのばすことが大切。曲がっているとひざからの力が上半身につたわらなくなる

45°からのバンクショット

2-3

DVD VIDEO

45°からはバックボードをねらうバンクショット。
もっとも基本となるこのショットを確実なものにしておこう

左45°からのショット

左45°からのショットでは、バックボードにかかれた長方形の左上の角をねらってシュートする

ジャンプショットの基本となるのが45°からのショット。ねらうのはバックボードの長方形の上の角

ジャンプショットで、もっとも基本となるのが左右45度からのシュート。45度からは、リングを直接ねらうのでなく、バックボードにかかれた長方形の上の角に当てるバンクショットでねらう。

腕と手首をやわらかく使って、ボールに回転がかかっていれば、バックボードに当たったあとに、リングにすいこまれるようにボールが弾むはずだ。

シュートしたボールの強さに少しのコントロールミスがあっても、長方形の角にさえ当たれば入るので、確実に入れられるように練習しておこう。

また、他の角度からのシュートにくらべて、もっとも距離をイメージしやすいのもこの角度だ。初心者のうちは、バスケット下からはじめて、少しずつ距離をのばして練習するといいだろう。

右45°からのショット

右45°からのショットでは、バックボードにかかれた長方形の右上の角をねらってシュートする

前の足をしっかり踏みこんでシュートする。体が前に流れないように注意しよう

手首をやわらかく使ってボールに回転をかける。下半身の力をしっかりボールに伝えよう

回転がかかっているので、バックボードに当たったあとに、リングにすいこまれやすくなる

2-4

正面および左右0°からのダイレクトショット

ダイレクトショットではボールの通る軌道をイメージする

ボールの通る軌道をイメージしながらシュートすると距離を合わせやすくなる

正面からのショット

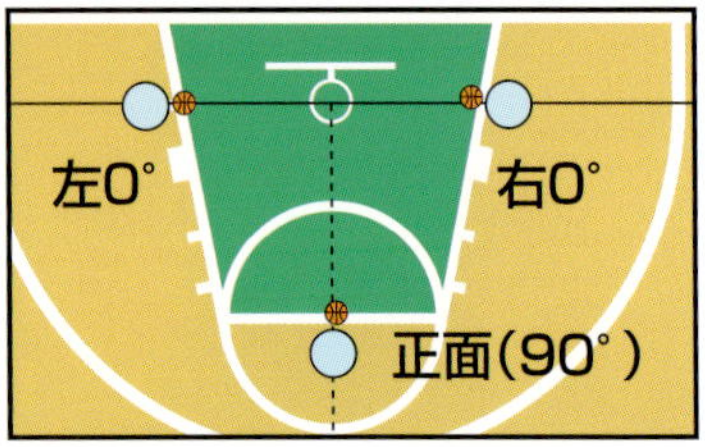
左0°
右0°
正面(90°)

バスケット正面と両コーナーの0度のところからのショットは、リングを直接ねらうダイレクトショットが基本。

ダイレクトショットは、バスケットまでの距離を合わせるのがむずかしい。シュートでボールが通る軌道をイメージして打つといいだろう。

ガードの選手などは、バスケット近くからバウンスパスを受けてからシュートすることも多いだろう。フォワードの選手はコーナーからのショットなど、試合でよく使う状況を考えて練習することが大切だ。

ポストプレーヤーの場合、バスケットに近いところからのショットが多くなるので、いろいろなバリエーションで練習しておくといいだろう。

とくに左右0度のショットは、バックボードが見えないため、距離を合わせるのがむずかしい。

バスケット近くからのショットなら、ななめ45度にステップインして、45度からのバンクショットに変えて打ったほうがシュート自体はかんたんになる。

0°からのショット

バックボードがバスケット後方にないため、正面からのショットよりも距離を合わせにくい

コーナーでプレーすることの多いフォワードの選手は、とくに練習しておくことが大切

0°からのショットでも、しっかりボールの軌道を頭の中でイメージすることが大切

高くフワッとしたボールで、バスケットの上から落とすイメージでシュートしよう

2-5

ポンプフェイク

ディフェンスにシュートと思わせて、タイミングをはずし、
自分のタイミングでプレーするのがポンプフェイク

腕を上げてシュートのふりをする。ひざがのびないように注意しよう

バスケット下でディフェンスがシュートディフェンスをしたときに有効なのがポンプフェイク

ポンプフェイクとは、バスケット下などでディフェンスにつかれたときに、シュートを打つふりをして、ディフェンスをさそうテクニック。

シュートを打つと見せかけて、ディフェンスがつられたときに、タイミングをはずして、シュートを打つ。

このとき大切なのが、フェイクは上半身のみで行うこと。大きな動きでディフェンスをさそおうとして、ひざがのび切ってしまうと、もう一回、体をしずめてからシュートしなければならなくなってしまう。

時間をかけすぎると、ディフェンスに反応するスキをあたえてしまうので、完全にタイミングをはずすことが大切。

シュートのときのように腕を上げたときに、ひざはしずみこませるようにするのが正解。ディフェンスがフェイクにつられて、ジャンプしたり、体がのび上がったりした瞬間にジャンプショットを打とう。相手がフェイクにかからない場合は、もう一度フェイクするのもいいだろう。

バスケット近くできびしいディフェンスがつくことの多いポストプレーヤーはしっかり練習しておこう。

ガードやフォワードの選手は、外からのショットフェイクから、パスやドリブルなどのパターンも練習しておくといいだろう。

タイミングをはずしたところですかさずシュートする。フェイクにかからない場合、もう一度やるのもいいが、3秒ルールには注意しよう

ディフェンスがフェイクにつられてジャンプしたらシュートにうつる

NG

腕といっしょに体がのび上がって、ひざのタメがなくなってしまうと、もう一度、しずみこまないとならないため、ディフェンスにつかまりやすくなる

ボールを上げたときに、ひざを曲げてタメをつくる。ディフェンスがつられた瞬間に反応できるように準備をしておく

ボールはディフェンスから遠いところでキープする。手首が下を向かないように注意しよう

2-6

ボースハンド

低学年や女子が少し距離の長いシュートを打つときに使うショット。近いところからは、できるだけ片手で打てるようにしておこう

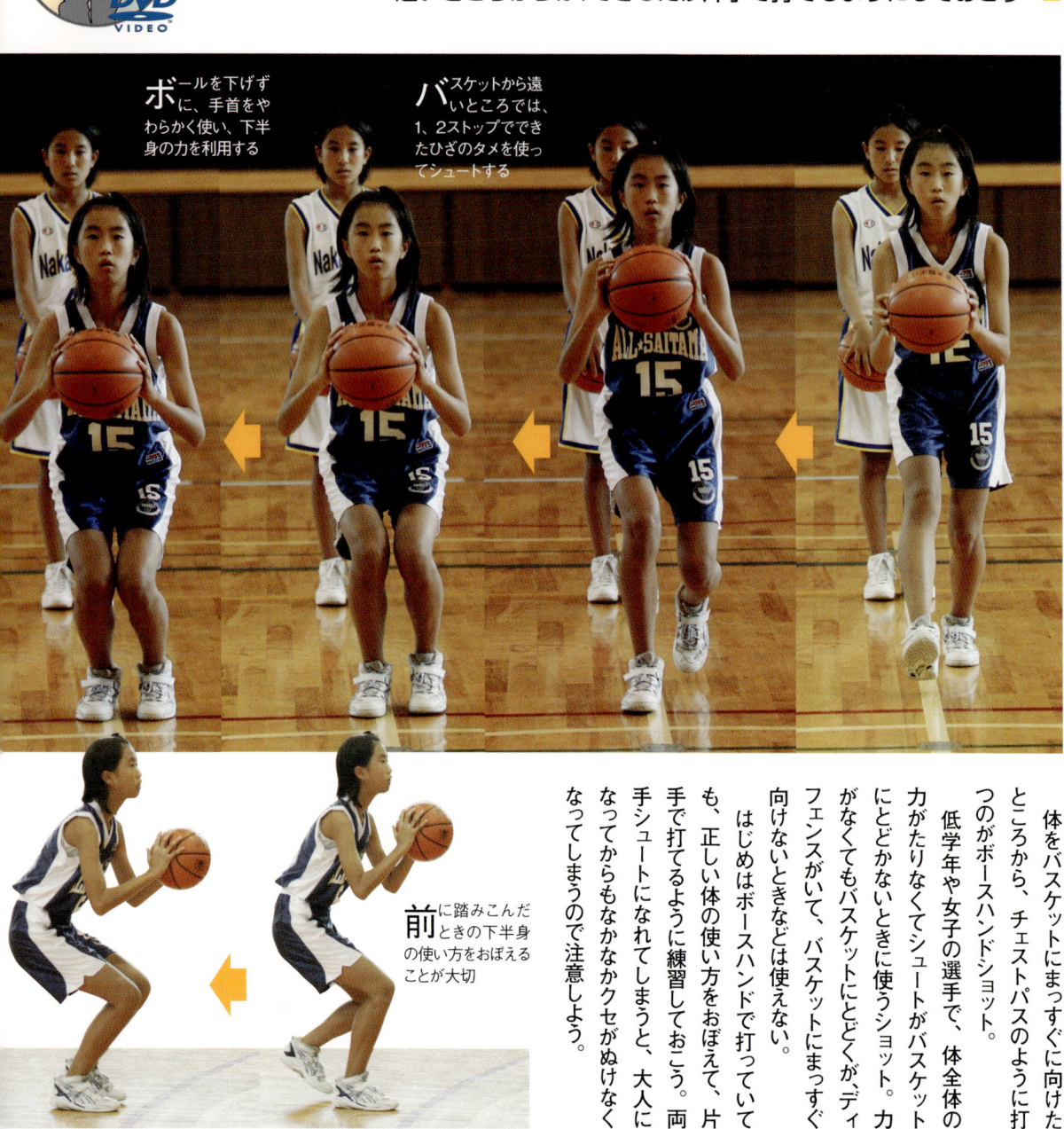

ボールを下げずに、手首をやわらかく使い、下半身の力を利用する

バスケットから遠いところでは、1、2ストップでできたひざのタメを使ってシュートする

前に踏みこんだときの下半身の使い方をおぼえることが大切

体をバスケットにまっすぐに向けたところから、チェストパスのように打つのがボースハンドショット。

低学年や女子の選手で、体全体の力がたりなくてシュートがバスケットにとどかないときに使うショット。力がなくてもバスケットにとどくが、ディフェンスがいて、バスケットにまっすぐ向けないときなどは使えない。

はじめはボースハンドで打っていても、正しい体の使い方をおぼえて、片手で打てるように練習しておこう。両手シュートになれてしまうと、大人になってからもなかなかクセがぬけなくなってしまうので注意しよう。

シュートを下半身で打つイメージをつかんで、片手のシュートにつなげていこう

シュートするときに体全体が前に流れないように注意しよう

下半身でシュートを打つイメージさえつかめれば、ワンハンドシュートでもとどくようになるはずだ

腕の力にたよるのでなく、下半身の力をボールに伝えるイメージをつかんでおこう

ボールと手を下げずに、ひざをやわらかく使ってタメをつくる

バスケット下からのパスを レシーブ＆ジャンプショット

ボールレシーブからムダのないスムーズな動きでシュートしよう

バスケット下からパスを受けてからのジャンプショットになれておこう。

ガードやフォワードの選手は、試合中にポストプレーヤーからパスを受けてからのシュートを打つ場面も多いはず。このときのパスの受け方がシュートの成功を左右するといえる。

パスを受けるときは1、2ストップ。指先を上に向けて準備しておき、ボールが手におさまったところで、そのままシュートを打てるようにレシーブすることが大切。

レシーブ後にボールを下げてしまったり、ボールをもちなおしていると、ディフェンスにつかまりやすくなる。

正しいレシーブから、ストップの反動を利用して、スムーズにシュートにつなげていこう。

NG

ボールを受けたあとに、ひじがのび、手首を下に向けてしまうとシュートの姿勢にうつるのに時間がかかる。ボールを下げたときにディフェンスにはたかれる危険もある

ボールを受けたときには、すでにシュートを打てる手のかたちになっていることが大切

指先を上に向けてレシーブの準備。シュートの姿勢に入りやすいポジションでボールを受ける

ボールを下げずに、そのままワンモーションでもち上げる

ストップしたときのひざのタメを使ってジャンプショット。前に体全体が流れないように注意しよう

パスレシーブの注意点

シュートを成功させるためには試合と同じように
練習のときからパスを受けてのシュートになれておこう

シュートを成功させるためには、パスの受け方から練習することが必要となる。

そのためには、まずポジショニングが大切となる。相手ディフェンスにじゃまされずに、バスケットを向いてパスを受けることで、パスを受けたあとに、スムーズにシュートすることができる。

ディフェンスやバスケットの位置を考えて、どのようなステップでパスを受けるのがいいかをイメージすることが大切だ。

そのためにも、正しい姿勢でパスを受ける準備をしておこう。パスを受け入れる手の準備、パスを受ける場所に移動するための足もとの準備を忘れてはならない。

受けたらすぐにシュートにうつるところでボールをレシーブすることが大切だ。「パスは胸の前で受けるもの」

レシーブの準備姿勢

指先

指先を上に向けて、両手ははなしすぎず、近づけすぎずに準備する。ボールを受けるときは、両手をボールに向けてかるくのばし、10本の指先から体に引きよせるように受け入れる

腕

両わきが自然に体の横につくようにかまえる。力を入れずに、指先を高い位置にしておくことで、腕が自由に動くようになる

ひざ

ひざはかる曲げ、どの方向にもすばやく動けるようにしておく。パスがそれたり、ディフェンスがきた場合などは、自分がプレーしやすいところに移動してパスを受ける

足

両足を肩幅くらいに開き、動きやすい姿勢。ボールを受けるときはステップが大切。状況にあわせて、ジャンプストップと1、2ストップを使いわけられるように準備しておこう

ボールをレシーブしたときには、手が準備されていなければならない。目線はすばやくバスケットに向けておく

手を上げるだけで、すぐにシュートにうつれる姿勢でボールを受けよう。ムダな動きをしないことで、シュートのリズムができる

と思っている選手も多いかも知れないが、胸に近すぎるところでボールを受けても、すぐにシュートの姿勢には入れない。

パスを受けたときに、そのままもち上げればシュートできるところで受けるようにしよう。

ボールを持ちなおさずにシュートが打てるかたちで、レシーブのときに手が準備されていなければならない。

シュートの姿勢に入るときは、パスを受けて、腕を上げるだけにしておこう。一度、ボールを下げてしまうとディフェンスに時間をあたえてしまうだけでなく、上からはたかれて、ボールをこぼすことにもつながるので気をつけよう。

NG

パスを受けてから、一度ボールを下げてしまうとディフェンスに守るスキをあたえてしまう

2-8

1on1からのジャンプショット

試合ではかならずディフェンスがいる。1ドリブルでディフェンスをはずしてからのシュートになれておこう

①1ドリブル・ストップジャンプショット・右

軸足が床からはなれる前にボールを床につき出す

ボールを体の右側に移動してディフェンスが手のとどかないところからドリブルをスタートする

試合では、なかなかフリーでシュートを打てるチャンスなどないはずだ。ディフェンスがいるときは、ディフェンスをはずしてからシュートを打たなければならない。

ディフェンスがいるときは、左右に1ドリブルもしくは2ドリブルして、ディフェンスをはずしてからのジャンプショットが有効になる。

パスを受けて、シュートを打てない場合、まず考えたいのが1ドリブルからのストップジャンプショット。右ききであれば、右に1ドリブルしてからのショットから練習するといいだろう。

ここで気をつけたいのが、ドリブルのつき出しの位置と強さ、そして受け入れる場所と手のかたちだ。

ディフェンスから遠い体の横からドリブルをはじめ、しっかり腰の位置でボールを受け入れる。このときに手はシュートのかたちになっていなければならない。ボールを下げずに、すぐにシュートの姿勢にうつるのがポイント。

ステップは右足から踏みこみ、左足→右足の1、2ストップからのジャンプショットになる。顔はつねにバスケットに向けておくことが大切だ。

ディフェンスが、シュートか、ドリブルでぬきにくるのかをまよっている間にシュートが打てるように、すべての動きをスムーズに行うことが大切だ。

1の足が決まったところで、ボールを持つ手は、すぐにでもシュートが打てるようになっていなければならない

姿勢を低くして、ボールを腰の高さで受け入れながら、左足からの1、2ストップ

下半身の力を上半身に伝えてシュートする

ストップしたときの下半身のタメをジャンプの力に変える

2の足が床につくところで、すでにシュートの準備が整っている

右足はバスケットに向かって踏み出す。ディフェンスとの位置関係に注意しよう

右足を踏みこんだ力を利用して真上にジャンプする。左右や前に体が流れないように注意しよう

②1ドリブル・ストップジャンプショット・左

右ききの選手が多いため、ディフェンスは右へのドリブルを予測していることが多いもの。そんなときのために左への1ドリブルストップジャンプショットも練習しておくといいだろう。

右ききの選手の場合、左への1ドリブルストップジャンプショットは、右のときにくらべて、左右の動きが小さくなってしまうので、注意が必要だ。

右手でショットを打ちたいので、どうしてもステップは左足→右足の順になってしまう。そのぶん、ドリブルのつき出しの強さも考えなければならない。左足を踏みこんだところで、すぐにボールを受け入れるため、右のときとくらべて、少し小さめのドリブルとなる。

また、横への動きも小さくなってしまいがちなので、そのぶんすばやい動きで、スムーズにシュートまでもっていくことが大切になる。横移動の際は、ボールがディフェンスの手にかかりやすいので注意しよう。

スタートする前に、ショットフェイクや右方向へのパスフェイクを入れるのもいいだろう。

また、ストップしたときにディフェンスがついてきているようなら、シュートの前にフェイクを入れると、自分のペースでプレーできるようになる。状況に合わせて工夫してみよう。

スタート前に目線を右に向けるだけでもフェイクになり、ディフェンスの動きを遅れさせることができる

左足を横に大きく踏み出しながら1ドリブル。すぐにレシーブとなるので低いドリブルを心がけよう

踏みこんだ左足からの1、2ストップ。左足がついたところでボールを腰の高さで受け入れる

③クロスオーバーステップから右に1ドリブル

ディフェンスに気をとられて手首が下がらないように注意しよう

相手の出方を伺って、クロスオーバーステップをしかけるタイミングをうかがう

右足を左に大きく踏みこみ、体重を右足にのせる。ボールをできるだけ横に大きく動かすのがポイント

右足で床をけり、一気に右に方向を切りかえる。ボールを低いところで移動させ、姿勢は低くしたまま、すばやく行おう

ディフェンスがいい選手であれば、ただ右に1ドリブルしただけでは、シュートにつなげることはむずかしい。そこで有効なのが、クロスオーバーステップ。

左にドリブルに行くと見せかけて、すばやく右に切りかえしてから、1ドリブルストップジャンプショットをやってみよう。

このとき大切なのが、姿勢を低くすることと、最初のフェイクステップのときにボールを大きく移動して、体重を右足にのせること。

右足を左に大きく踏みこみ、右足に体重をのせた反動で、床をけり、右にステップを切りかえる。ステップを切りかえるときに、姿勢が高くなったり、手首が下を向かないように注意しよう。

ボールはなるべく低いところで、移動させるが、手首が下を向いてしまうと、ディフェンスがちょっとボールに当たっただけで、手からこぼれてしまうからだ。

あとは、右への1ドリブルジャンプショットと同じように、スムーズにシュートまでもっていく。

腰の高さが変わらないように、低い姿勢で、体重移動しながら左右に大きく動くことで、全体の動きがスムーズにできるようになる。

最後まで動きを止めずに、スムーズにフィニッシュまで持っていこう

ボールのつき出しと受け入れをしっかりすることが大切

体の右サイドまでボールをはこび、すかさず1ドリブル

最後の右足の踏みこみをいかすためにも、それまで低い姿勢をキープすることが大切

④クロスオーバーステップから左に1ドリブル

左足を軸足にしたクロスオーバーステップから、左への1ドリブルストップジャンプショットも練習しておくようにしよう。

クロスオーバーステップでは、しっかり体重を右足にのせ、ボールを右に出して、右へのドリブルをディフェンスに意識させよう。右足で踏みこんだ反動を使って、すばやく左にステップ、1ドリブルから左足→右足の順にストップしてジャンプショットする。

すべての動作をすばやく行うためには、姿勢を低くしておくことが大切。

また、ボールにディフェンスの手がかからないように、ボールの移動は低い位置で行い、ドリブルのときには、かならずディフェンスとボールの間に自分の体がくるようにしよう。これらの準備動作がしっかりしていれば、シュートの成功率も上がるはずだ。

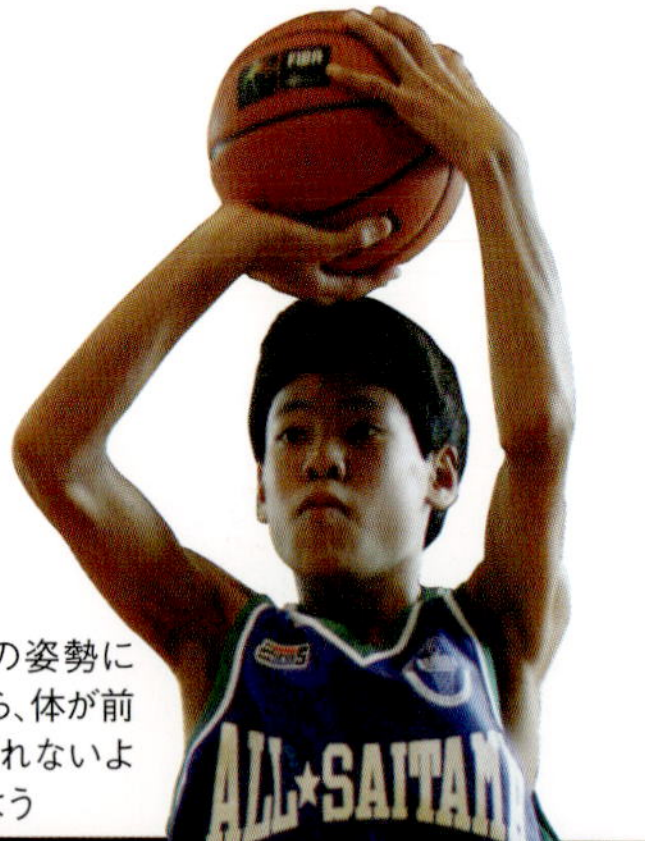

シュートの姿勢に入ったら、体が前後左右に流れないように注意しよう

右足に体重をのせて、右に1歩踏みこむ。ボールを右に出して、ドリブルするように見せかける

床をけるように右足をすばやく左に移動する。ボールは低い位置で左サイドに持ってくるようにしよう

体をボールとディフェンスの間に入れて、1ドリブルをはじめる

ボールハンドの注意点

シュートはボールを持った瞬間からはじまっている。
結果だけを見るのでなく、シュートまでの準備が大切

小学生の試合でよく見かけるのが、ただ何となくボールを持っていること。ボールを持つときには、つねに手首の準備ができていなければ、つぎのプレーにスムーズにうつれなくなってしまう。

手首をリラックスさせ上に向けて、いつでもシュート、パス、ドリブルができるようにしておこう。

手首がのびたままでは、ボールを下げたときに、ディフェンスの手が引っかかったり、ボールがディフェンスに当たっただけで、かんたんにこぼれてしまう。

とくにシュートエリアなど、ディフェンスがきびしくなるような状況では、ボールを持つ手が大切になる。

練習のときから、しっかり手もとに注意して、手首を曲げておくクセをつけておくことが大切だ。

ボールを持ったときだけでなく、パスを受けるときから、手の準備をしておくことで、自然にできるようになるだろう。ボールを持ったときは、パスを受けたときにできた手首のかたちをくずさないことが大切だ。

ふだんから、ボールが手につかなかったり、ハンドリングミスの多い選手は、この持ち方ができていないことが多い。正しくボールを持つことができているか、もう一度チェックしてみよう。

片手のショットを練習しよう

　両手でシュートしている選手は、とくにボールハンドを注意しなければならない。それは、ふだんから、手の感覚を意識しなくても、プレーできてしまっているからだ。

　片手ショットの練習をしておくことで、ボースハンドを卒業できると同時に、下半身の使い方や、手の感覚をみがくことができる。

つねに5本の指でボールの重さを感じながらシュートすることが大切

片手にボールをのせてバランスをくずさずにシュート
手首のタメがないとうまくシュートできない。また、下半身が使えずに、腕の力だけではシュートできない

NG

ひじがのび、ボールを持つ手が下を向いていると、ディフェンスに上からちょっとはたかれただけで、ボールをこぼしてしまったり、こぼれそうになって、バランスをくずしてしまう。手首を上に向けていれば、多少はたかれたところで、ボールをこぼさずにプレーを続けられる

バスケットを背にしたパスレシーブからのジャンプショット

2-9

DVD VIDEO

ポストプレーなどでバスケットを背にしてパスを受けたときのシュート

①ジャンプストップから右バックターン

バスケットに背を向けてパスをレシーブしたときに、自分のうしろにスペースがあるようなら、バックターンからのジャンプショットをするといいだろう。

　自分のうしろにバックターンするだけのスペースがなければならないため、ディフェンスをふり切ってレシーブした場合や、ポストプレーなどでディフェンスが横から守ってきた場合にやってみるといいだろう。

　右ききの選手であれば、左足を軸にした右へのバックターンからのショットがいちばん自然にできるはずだ。

　ボールをディフェンスから遠いところにキープして、バスケットとディフェンスの位置を見て、バックターンのスペースがあるかを確認しよう。

　ターンするときは、ボールを下げずに、ターン後にすぐにシュートを打てる姿勢をとることが大切だ。

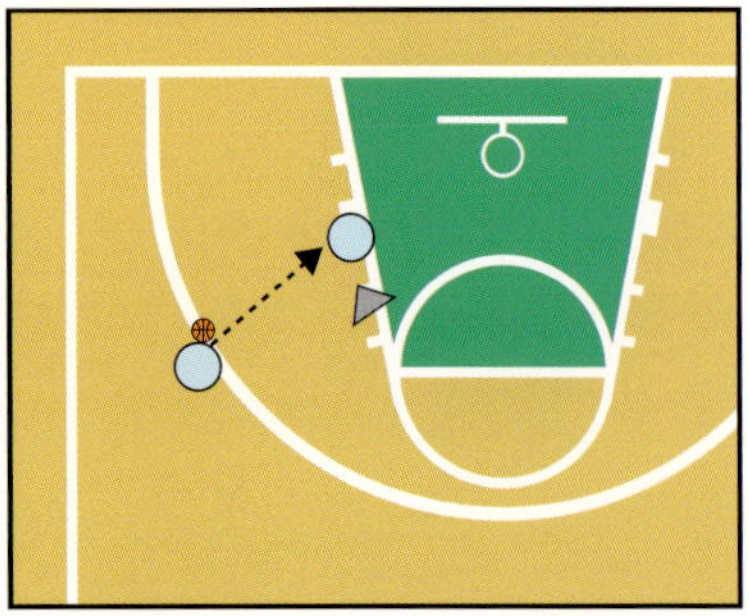

ローポストでディフェンスがサイドハイポジションから少しはなれて守ってきた場合などに有効

どちらにもターンできるようにジャンプストップでパスレシーブ

バスケットの位置、ディフェンスの位置やうしろのスペースを確認

ボールを下げずに左足を軸にしてバックターン

ふり向いたところですぐにシュートにうつれる姿勢でターンしよう

ディフェンスにうしろのスペースに入られないようにすばやくターンすることが大切

ボールを下げずにスムーズにシュートの姿勢に入る

左足の位置が中途半端にならないようにしっかりつま先が前に向くまでターンすることが大切

体がうしろに流れないようにしっかり真上にジャンプしてシュートしよう。ターンの勢いを使いにくいので、意識してしっかりジャンプしよう

②ジャンプストップから左バックターン

右ききの選手の場合、ターンするときに、右バックターンのときよりさらに広いスペースが必要になる

右ききの選手が、右足を軸足に左にバックターンしてシュートする場合は、しっかりバスケットの位置を確認しておかなければならない。

左バックターンからシュート姿勢に入るためには、軸足をこえたところに左足をつく大きなターンとなるため、スタンスがとりにくい。さらに左足をターンさせるため、ターンの勢いをジャンプにつなげにくいので、しっかり両ひざのタメをつくっておくことが大切だ。

また、ターンの時間も長くなって、バランスをくずしやすくなるので注意しよう。

右ローポストでディフェンスがサイドハイポジションから少しはなれて守ってきた場合に、すかさずこのシュートを打てるように練習しておこう。

レシーブは基本のジャンプストップで左右どちらにもターンできるようにしておく

バスケット位置をしっかり確認しておこう

右足を軸に左足からバックターン

左足を軸に左にフロントターン。ボール位置を下げずに、腰は落としたまま、低い姿勢でターンしよう

左ききの選手は左足が前となるため、右足の位置に注意しよう。右ききの選手は右足が少し前にくるところまでターンする

つま先が前を向いたところでひざのタメを使って、真上にジャンプする。前後左右に体が流れないように注意

すばやい動きが大切だが、シュートのときに、肩や腕に力が入りすぎないように注意しよう

③ジャンプストップから左フロントターン

ジャンプストップから左にフロントターンする場合は、右へのターンのときと逆で、ディフェンスを背にして、右に体重移動。バスケット位置を確認して、ディフェンスに右を意識させたところで、左にターンする。

左足を軸に左にターンするため、右ききの選手は、ターンの勢いを利用して、そのままスムーズにシュートが打ちやすいはずだ。

自然な流れでシュートするためには、ターンのときに姿勢が高くならないことが大切。腰を落として、ひざにタメをのこしておくことで、ターン後のシュートで体が前に流れなくなる。

ターンを終えたときに、右足のつま先がしっかりバスケットに向くように踏みこむようにしよう。

ジャンプストップのクセをつけておくことで、状況に応じて、左右へのバックターンとフロントターンからベストの動きを選べるようにしておこう。練習のときは、ディフェンスをつけて、体の使い方にもなれておくことが大切。

ジャンプストップでしっかりボールをレシーブ

腰を落として、体をしっかりディフェンスにつけたまま、右に体重移動。右の肩ごしにバスケットを見て、ディフェンスにシュートを意識させることが大切

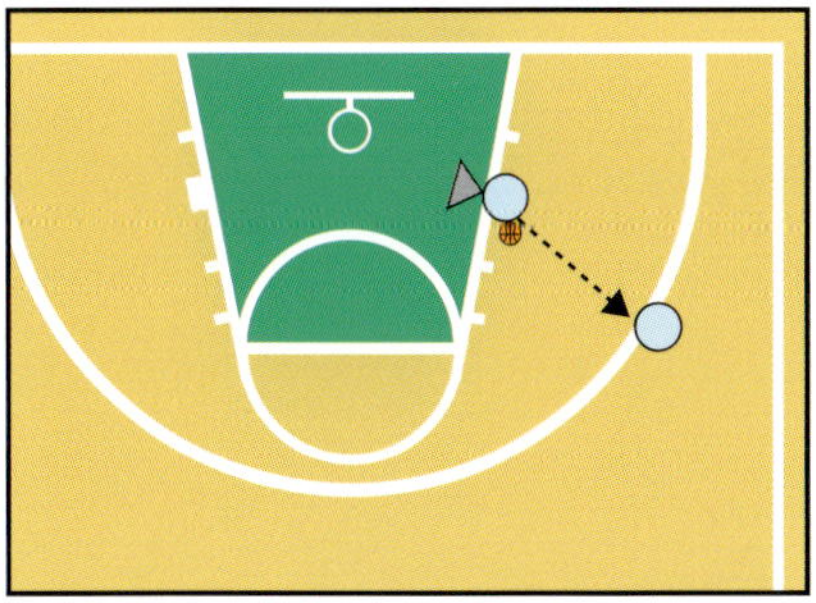

ディフェンスがバックポジションから守ってきた場合などに有効なプレー。体をしっかりディフェンスにつけて、タイミングよくターンすることが大切

④ジャンプストップから右フロントターン

ディフェンスがピッタリ体をつけて守ってきた場合などで、バックターンするスペースがないときには、フロントターンをしてシュートしよう。

このとき大切になるのが、ディフェンスとのかけひき。背中をディフェンスにつけて、左足に体重をのせて、一度左にフロントターンすると見せかける。ディフェンスが左ターンを意識してきたところで、すばやく右足を軸に右にターンしよう。

ターンするときは、ボールを下げずに、つねにディフェンスから遠いところでキープして、ふり向いたところで、すぐにシュートできるようにしておこう。

ディフェンスからプレッシャーが強いところでのプレーになるため、ボールを受ける前から、しっかりバスケットの位置を確認しておくことが大切だ。

とくに、バウンスパスからの場合などでは、ボールを持つ手が下がらないように注意しよう。

バウンスパスのレシーブでも、手首が下を向かないように、しっかりボールを受け入れる

ディフェンスからのプレッシャーが強くても、しっかりジャンプストップでパスを受けよう

ポストプレーなどで、ディフェンスがピッタリ体をつけて、バックターンをするスペースがないときはフロントターンからシュートをねらう

背中ごしに一度、左に体重をかけて、左にフロントターンをするように見せかける

ディフェンスが左ターンを意識したところで、すかさず右にフロントターンする。ボールを持つ位置が下がらないように気をつけよう

両足が床についたところで、すばやくシュート。姿勢を低くしてターンすることが大切。姿勢が高いと、一度、しずみこまないとならなくなるので時間がかかってしまう

ポストプレーの体の使い方

**ポストプレーからの攻撃の決め手となるのは、
ディフェンスにプレーさせないポストプレーヤーの姿勢**

1 ワイドボディ

ポストプレーでは、体の使い方が大切。バスケット近くでは、ディフェンスのプレッシャーもきびしくなるため、安全にプレーするためには、体をうまく使って、ディフェンスに思ったようにプレーさせないようにしよう。

パスを呼びこむときは、ディフェンスより広いスタンスで、体を大きく使って、ディフェンスを前に回りこませないようにする（ワイドボディ）。

つぎに、腰を落として、ディフェンスに体をピッタリつけて、自分のポジションをつくる（シール）。

腰を落としたままの姿勢で、肩ごしにバスケット方向を確認する（リーン）。

背中で押そうとする選手をよく見かけるが、ファールになったり、上半身がのけ反ってしまう。しっかり腰を落とすことを忘れないようにしよう。

ポストアップ～ステップイン～左フロントターン～ジャンプショット

右足を1歩踏みこんでレシーブする。シールされていたため、ディフェンスはボールへの反応が遅れる

体をディフェンスにつけたまま、腰を落とし、ディフェンスより広いスタンスでシール。ディフェンスの左足に腰かけるようなイメージでやってみよう

Point ディフェンスの太ももに腰かけるようなイメージで腰を落とし、ディフェンスの足の外に自分の足を出す

低い姿勢の右フロントターンから、シュートにもっていく

体が前に流れてしまうとディフェンスにつかまりやすくなるので注意しよう

2-10

セミフックショット

ジャンプショットが打てないときに、バスケットに横向きで打つシュート

バスケットに向かってパワードリブル。そこからステップバックして、スペースをつくってセミフックショット

ディフェンスが背が高く、ジャンプショットではブロックされそうな場合は、セミフックショットをやってみよう。

セミフックショットとは、ディフェンスとの間に自分の体を入れて、ディフェンスから遠い方の手で、ボールを内側に引っかけるように打つシュート。

肩ごしに打つシュートとなるため、シューティングハンドの指先の向きが、バスケットに向いていることが大切になる。体が外側に流れないように、ディフェンス側の足に体重をのせてジャンプしよう。

ジャンプのときに、ボールが肩より低くなってしまうと、腕の力だけでのショットになってしまう。ジャンプした力をしっかりボールにつたえることが大切だ。

パワードリブルでプルバックしたスペースを利用して、フロントターンからショットなどの練習をしておくと試合でも役に立つだろう。

パワードリブルで強引にバスケット下に入ったがシュートできない

1歩ステップバックして、できたスペースを利用して左にフロントターン

背が高いディフェンスでジャンプショットではブロックされてしまいそうなときなどに有効なショット

指先をバスケットに向けるようにやわらかく使うのがポイント

Point ジャンプのときに、ボールの位置を肩より下げずに、指先が上を向くようにシュートする。シュート後は指先がバスケットを向くようにやわらかく使う

ディフェンスから遠いサイドでボールをキープ

バスケットを見ながら、体のななめ前あたりから頭ごしにシュート

2-11
DVD VIDEO

オーバーハンド レイアップシュート

もっとも成功率の高い基本のランニングシュート

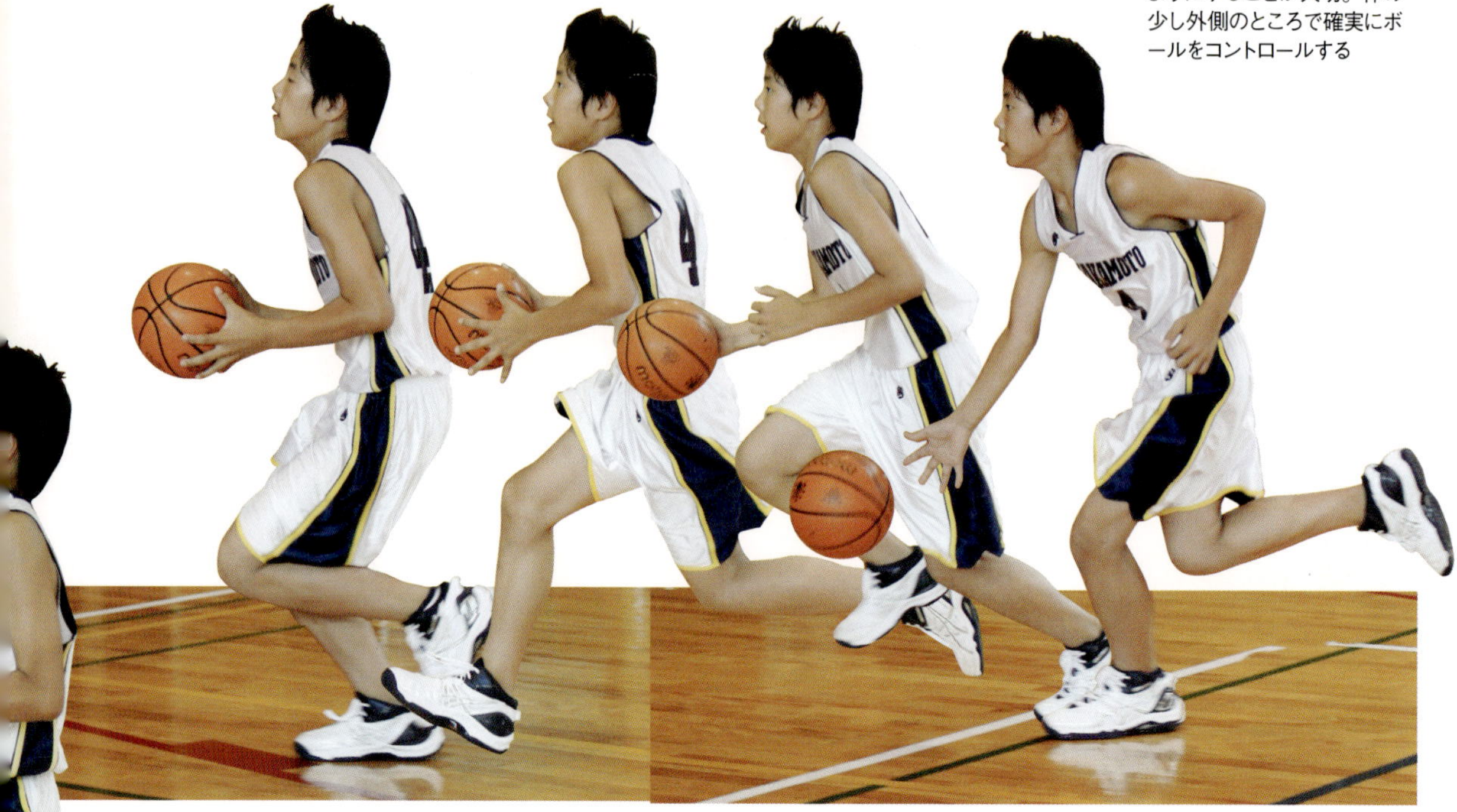
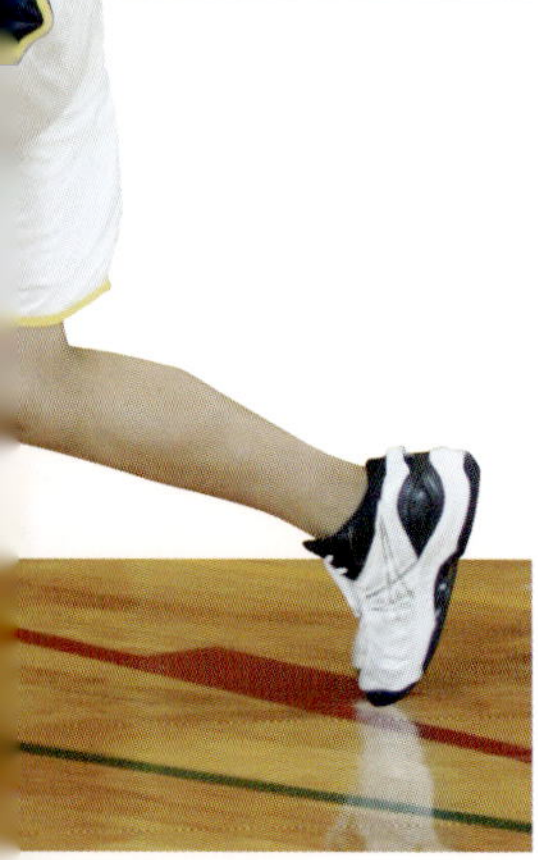

ディフェンスがいるときは、ステップしているときも、ディフェンスから遠いサイドで持つようにしよう

ボールを腰の高さでしっかり受け入れることが大切

シュートに入る前にドリブルの姿勢が高くならないようにすることが大切。体の少し外側のところで確実にボールをコントロールする

レイアップシュートというと、アンダーハンドレイアップが頭にうかぶ人も多いことだろう。しかし、身長もそれほどなく、力も弱い小学生の基本はオーバーハンドレイアップといえる。ディフェンスがいないフリーの場面では、確実に決めたいのがこのシュートだ。

基本の左右45度からは、バックボードを使ったバンクショット、それ以外からはダイレクトにバスケットをねらって、確実に入るように練習しておこう。

ミスをしないための第1歩は、ラストドリブルからのボールを、きっちり腰の高さで受け入れること。そこから、ボールを下げずに2ステップ、最後は大きく足をふり上げて、なるべく高いところからシュートしよう。

ディフェンスのいる場面では、ボールにさわられないように、ボールを持ち上げたときに、サポートハンドを上に残して、しっかり最後までハンドガードすることが大切だ。

練習のときからハンドガードのクセをつけておこう。

Point　ハンドガードしながら、ジャンプのいちばん高いところで、ボールが指先からはなれるようにシュートしよう

2のステップのときにボールを下げないように注意しよう

右足を大きくふり上げて、なるべく高くジャンプする

左手でハンドガードしながら、なるべく高い位置でシュートしよう

45°からのシュートはバックボードを使って練習しよう

2-12

アンダーハンドレイアップシュート

アンダーハンドレイアップこそ、下半身の使い方がポイント。高いジャンプで下半身からボールを上げるイメージを持とう

オーバーハンドレイアップとならんで、基本となるのがアンダーハンドレイアップ。低学年で、ボールの重さに負けてしまう場合は、両手で上にほうり投げるクセがついてしまうので、まずオーバーハンドからはじめるのがいいだろう。名前のとおり、オーバーハンドとくらべると手の向きが逆になるため、ボールの持ち方に気をつけなければならない。

５本の指先にボールをのせるイメージで、最後はボールを投げるのでなく、ジャンプした勢いをボールに伝えるイメージ。正しくジャンプの力がボールに伝わっていれば、腕をのばしとときに、ボールがフワッと上がるはずだ。できるだけ、高いところで指先からボールをはなすようにやってみよう。

低い姿勢のドリブルから、腰の高さでボールを受け入れる

ディフェンスのいない右サイドでボールをキープしてステップ

ボールを上にほうり投げるのでなく、5本の指先からていねいにボールをはなそう

左手でハンドガードしながら、右足をふり上げて、できるだけ高くジャンプする

2のステップでドリブルのスピードを高さに変える。ひざにタメがないと高くジャンプできなくなる

Point　ボールを持つ手の親指と小指をむすんだ線が水平になるように心がけよう

2-13 DVD VIDEO

クイックレイアップシュート

レイアップシュートの途中にディフェンスがきた場合に
タイミングをはずして、1のステップからクイックシュート

レイアップシュートのステップに入ったときに、横や斜め後ろからディフェンスがきた場合などに有効なのがクイックレイアップシュート。

2歩のステップをとっさに1歩に切りかえて、ディフェンスのタイミングをはずしてシュートしよう。

ディフェンスはどこからくるかわからないので、どちらの足で踏み切ったときでも、左右両方の手で打てるように練習しておこう。

ジャンプでは、ひざのタメを十分に使い、2の足のひざをバスケット方向にすばやくふり上げる。ふり上げたひざの前方にシュートハンドがくるようにボールを移動させよう。

最後はボールの重さを5本の指で感じながらシュートしよう。

1のステップでひざを上げ、深く沈みこもう

はじめはふつうのレイアップシュートに行くつもりで、ドリブルする

2の足を高くふり上げてなるべく高くジャンプする。ジャンプの前にボールを下げないように注意しよう

背すじをのばして、ジャンプの力をボールにつたえて、なるべく高いところで指先からボールをはなす

2-14

スピンレイアップシュート

レイアップにディフェンスがピッタリついてきたら、バスケットを通過して逆サイドからシュートする

レイアップシュートをしようとしたときに、ディフェンスをふり切れずにピッタリついてきたときに、タイミングをずらすためのシュートがスピンレイアップだ。

ふつうにレイアップできないと思ったら、バスケット下までドリブルして、バスケットの裏を回って、逆サイドからシュートすることで、ディフェンスのタイミングをはずすことができる。

バスケットを通過してからのシュートとなるため、バスケットの位置をしっかり確認しておくことが大切だ。

高いジャンプと、高い位置からのシュートは、ふつうのレイアップと同じ。指先からボールをはなすときに、最後に回転をかけてシュートする。

バスケット裏から回りこんだときは、逆サイドの45度の位置からバックボードを使ったシュートができる。

左右どちらの手でも練習しておくといろいろな状況で役に立つ。

レイアップしようとしたらディフェンスがついてきた場合、ステップのタイミングを遅らせる

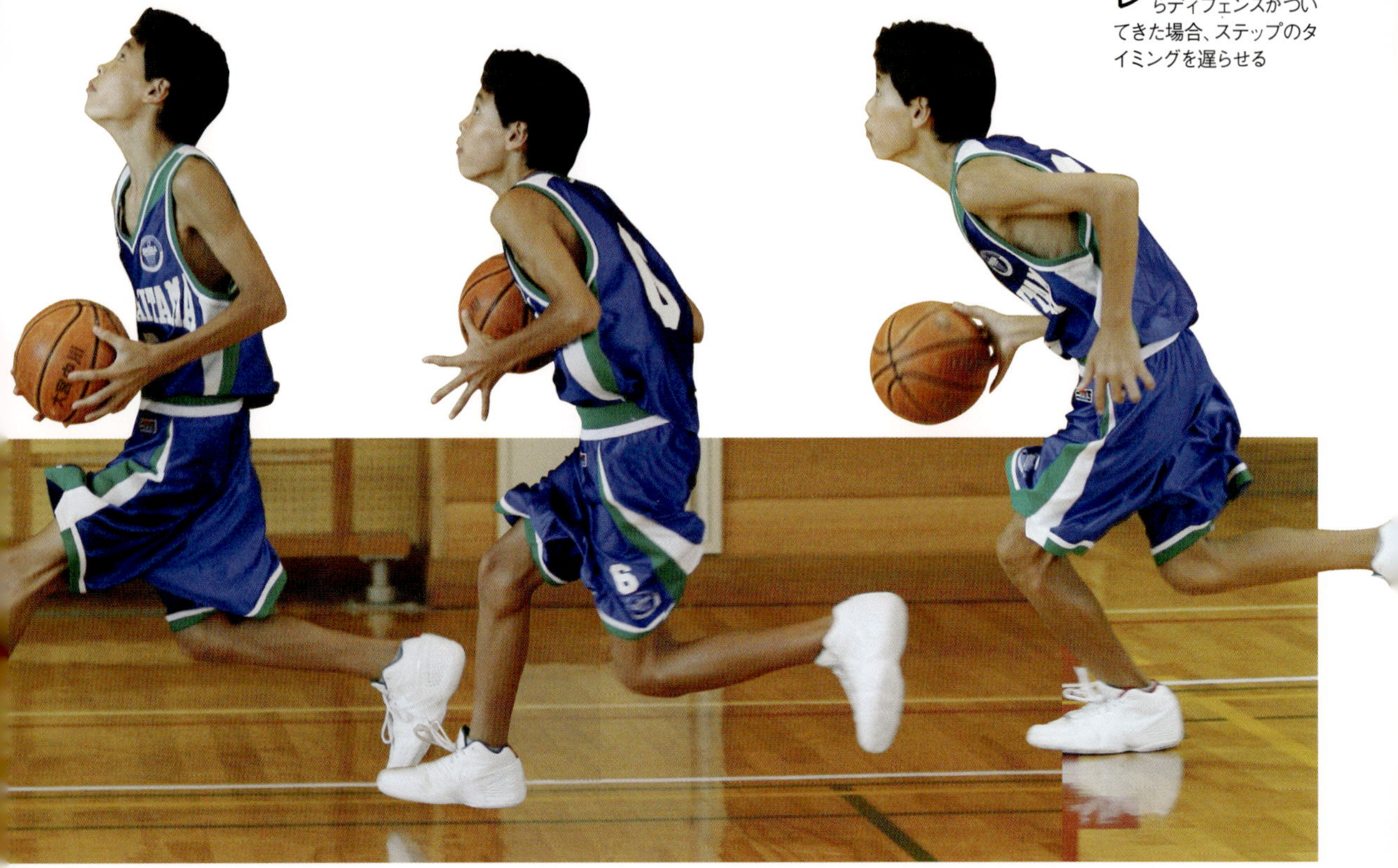

Point 右手でシュートする場合、小指を内側に向けるように手首をかえして横回転をかける

バスケット位置を確認しながら、バスケット下もしくはバスケット裏から逆サイドに回りこむ

右足を大きくふり上げ、高くジャンプして、なるべく高いところからシュートする

2-15

クロスオーバードリブルからのシュート（アンダーハンドレイアップ）

いろいろなドリブルからシュートの練習をしておこう

Point この1歩をディフェンスの右足の裏にとれると勝負が決まる

ドリブルで右に行くと見せかけたところから、クロスオーバードリブル

ディフェンスの裏に体を入れて、するどくタテに方向を変える

いろいろなドリブルのテクニックとシュートを組み合わせて練習しておくことで攻撃の幅が広がる。

ここでは、バスケットエリアのクロスオーバードリブルでディフェンスをかわして、アンダーハンドレイアップシュートの例を見ていこう。

右から攻めると見せかけて、クロスオーバードリブルで左にぬき、そのまま左手でレイアップシュート。

クロスオーバーステップで、足をどこに踏みこめるかで、シュートまでもっていけるかどうかが決まる。左に大きくふくらんでしまうと、ディフェンスをぬき去ることができずにシュートできなくなってしまう。

クロスオーバーができるようになったら、クロスオーバーを読まれたときの、インサイドアウトドリブルからのレイアップを練習してみよう。ひとつひとつのテクニックを確実にして、いろいろ組み合わせて練習していこう。

左足を大きくふり上げて、左手のレイアップシュート

ボール位置を下げず、腰も高くならないことが大切

Column 2

指導者に向けて

多くのミニバスの指導者の皆さんを見ていると、その情熱のすごさに心を打たれます。保護者の皆さんとの、すばらしい信頼関係を苦悩しながらねばり強く築き、子どもたちにも親身になって接していることが手にとるようにわかります。

一方で、その情熱の方向性が「これでいいのかな」と思われることも、しばしば見受けられます。さて、皆さんは自分の指導方法や内容について、つねに自己診断をされているでしょうか。「今の自分のままでいいのか？」この自分をつねに疑うスタンスが大切に思われてなりません。

たとえば、あなたは大人の技術やプレーの常識を子どもに押しつけてはいないでしょうか？　バスケットボールでは一般的に基本とされている技術ひとつをとってみても、確かに大人には適していても、はたして発達途上の子どもの精神面や体力面から考えてできるのであろうか、と思われることも少なくありません。

また、よくプレーの経験者に見られるのが、自分の体験や経験の知識だけを、子どもに押しつけてしまうこと。とくに今の子どもは、指導者や親にはあまり反抗しません。それをいいことに、自分なりの理論を子どもに押しつけ、一方的な指導をしていないかを、もう一度、ふり返って欲しいと思います。

子どもには、ひとりひとり個性があり、身体的にも性格的にも違いがあることを忘れてはならない。それを頭に入れた上で、個別性を重視し、より具体的な指導を行って欲しいと思います。

子どもに注意するときは、結果を叱るのでなく、そこにいたるまでのプロセスを説明し、原因を明確にしていただきたいと思います。その答えは、かならずコートの中にあるはずです。本には書かれていないどんなことでも、チームを見ていればわかってくるはずです。

指導者としての成功は、自分に対するあくなき追求心からしか生まれないのですから。

PART3

確実に試合で成功する

レシーブ&パス

レシーブの基本姿勢

パスの前に注意しておきたいのがレシーブ。
いいレシーブができていなければ、どんなパスも生きてこない

パスをとるだけなら誰にでもできるはず。しかし、パスはしっかり受け入れられなければ、つぎのプレーにつながらない。

いくら相手の逆をついたいいパスが出たところで、それを受けた選手がもたもたしていては、ただのボールの移動にすぎなくなってしまう。

つぎのプレーにつながるように、正しい姿勢でパスを受けることが大切だ。この章では、パスと合わせてレシーブも見ていくことにしよう。

正面でのレシーブ

指先

指先を上に向けてしっかりパスを受け入れる。手首が下に向いていては、つぎのプレーにつながらないので注意しよう

目線

シュートエリアであれば、パスを受けたときに、かならずバスケットを見ることで、ディフェンスにシュートの可能性を考えさせる

ボール位置

体の正面で受けるときは、胸に引きつけすぎると、つぎの動きにうつりにくい。少しはなしたところでボールを受けるようにしよう

下半身

ひざを軽く曲げて、両足を肩幅くらいに開き、どの方向にも動きやすい姿勢をとる

左右でのレシーブ

手首を上に曲げて、すぐにシュート、ドリブル、パスができる姿勢。ボールの高さは胸あたり。両腕をもっとも左右に動かしやすいところで受ける

シュート、パス、ドリブルにつなげやすいところでパスを受けるのがポイント

パスを受ける前の姿勢ができていれば、すぐにシュート、ドリブル、パスにうつることができる。

ディフェンスから見ると、つぎのプレーの可能性が広がり、読めない姿勢といえる。これを英語でトリプルスレッドポジションという。

右に踏みこんでも、すぐにつぎのプレーにつながる

左に踏みこめば、ドリブルやパスにスムーズにうつれる

ボールを上げればすぐにシュートができる

3-2 DVD VIDEO

チェストパス

チェストパスがパスの基本と思っている人も多いが、じつはそれほど試合では使えない

練習のときに2人で向き合ってチェストパスをしていることがあるが、それではまったく意味がない。

チェストパスは、もっともかんたんなパスではあるが、試合ではそれほど使えるような状況がないのも事実だ。

しかも、2人が向き合ってチェストパスをすることなどほとんどないといっていいだろう。

パスの練習をするのであれば、つねに状況をイメージすることが大切。パスを出すだけでなくレシーブもきっちり練習しよう。

バスケット方向を設定して、上半身を横に向けてチェストパスを練習

胸の前から両手で押し出し、最後は親指が下を向く

レシーブでは手をのばして、体に引きつけながら、しっかりパスを受ける

3-3

DVD VIDEO

ワンハンドプッシュパス

上半身を相手に向けて、片手で押し出す基本パス。アウトサイドでプレーすることの多い選手はきっちり練習しておこう

試合で横の選手にパスをするときに、もっとも使われるのは、チェストパスではなく、むしろ、このワンハンドプッシュパスといえるだろう。

ここでも、練習のときに2人が向き合っていては意味がない。かならず、状況を決めて、体をバスケットに向けたところからはじめるようにしよう。

ガードやフォワードの選手が外でボールを回すとき（ペリメーターパス）に使われることが多いため、パスを受けた選手は、まずバスケットを向いてからパスを出すといいだろう。これをやっておくことで、バスケットに対する意識が高くなり、試合中にパスを受けて、そのまま外からシュートを打つ動きにもつながるはずだ。

ワンハンドプッシュパスは、胸の外側から、片手でボールを押し出すようにするパス。しかし、実際は胸の正面でなく、中心より押し出す腕の方によったところから出すのが正解。つねにディフェンスから遠いサイドにボールを持っているため、上半身をパスを出す相手に向けたら、外側の手でボールを押し出すのが基本となる。ボールを押し出すときに、動きが大きくならないように気をつけよう。

パスがそれた場合は、いいポジションがとれるように、受け手が移動するようにしよう。

レシーブしたら、一度バスケットを見てから上半身を正面に向けるクセをつけよう

最後は手首をやわらかく使って押し出す。大きな動きにならないように気をつけよう

指先がしっかり上を向いていることが大切。横を向いていると、引っかけてボールの軌道が安定しなくなる

3-4

オーバーヘッドパス

ミニバスでもっとも多く使われるパスのひとつ。

パスをするまでの動きが成功率を上げるポイントだ

ポストにパスを入れるときや、プレスをかけられて低くかまえたディフェンスに対するときなど、ミニバスで多く使われるパスのひとつが、このオーバーヘッドパス。

　ディフェンスがきびしい状況では、低い姿勢で手で下からボールにプレッシャーをかけてくることが多い。

　そこでオーバーヘッドパスを使うわけだが、ふつうに立って上から投げただけでは、よほどの身長差がないかぎり、ディフェンスの手がとどいてしまう。そこで、かならず1ステップフェイクを入れてからパスをする練習をしておこう。

　パスを出すときは、おでこの前あたりから。うしろに引く動作を入れないで投げるのがポイントだ。

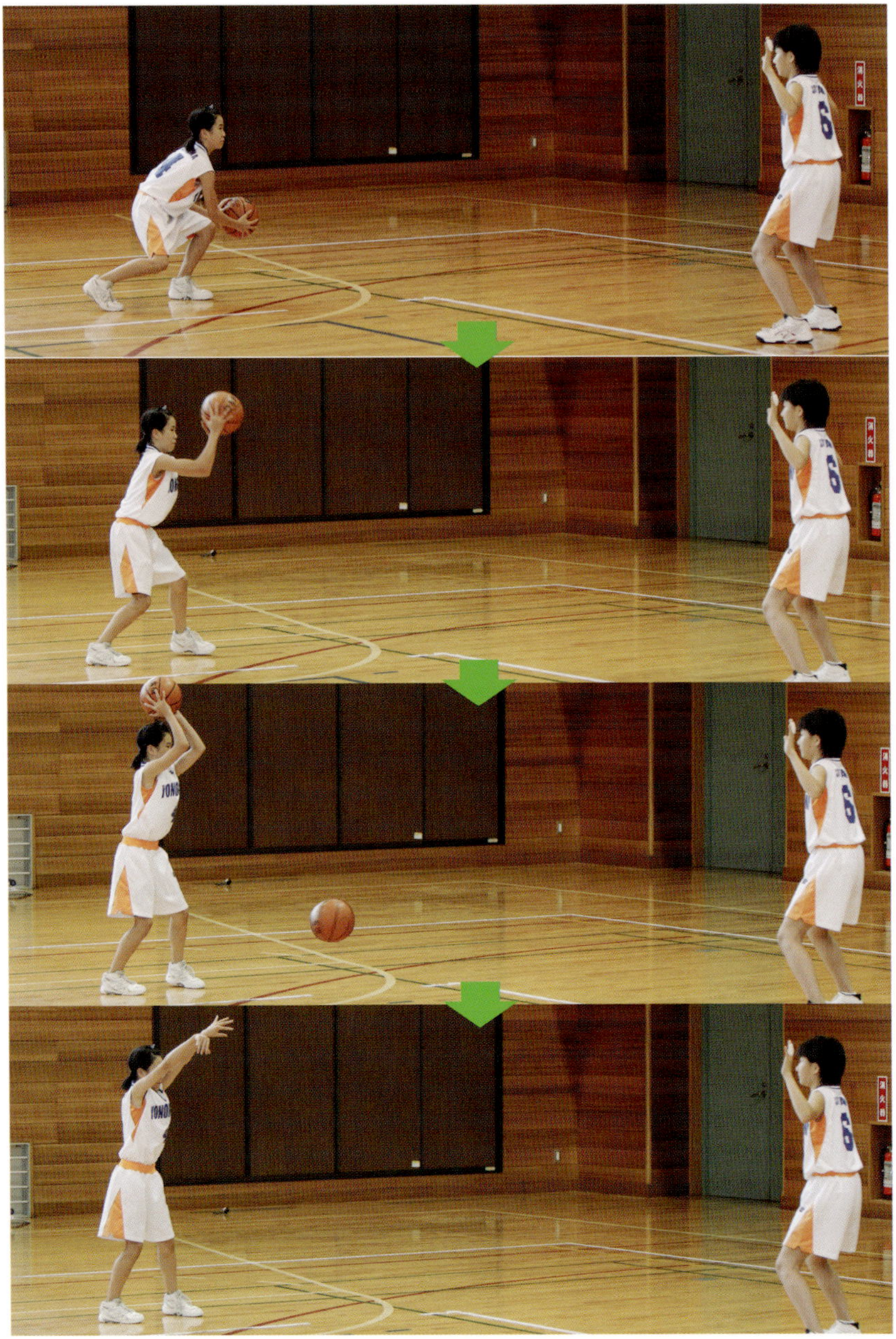

パスを受ける選手は、手を上げて、どこにパスが欲しいかをアピールしよう。すべての動きをすばやく正確にできるように練習しておこう

クロスオーバーステップで、ドリブルもしくはバウンスパスを出すようにフェイクを入れる。このときしっかり、左足に体重をのせることが大切

左足で床をけるようにし、すばやくもとのポジションに戻り、ディフェンスの意識が下にあるうちに、オーバーヘッドパスを出す

ボールをおでこの前あたりに持ち、ボールを下げずに、そこから腕をのばしてパスを出す

最後は両手の親指を下に向けるように手首をかえして、ボールを押し出す

3-5

バウンスパス

ディフェンスの足もとを通すバウンスパス。
さらに安全にパスをするためには、体の使い方が大切

受ける選手は、パスが欲しいところに手を出す（ハンドターゲット）。ディフェンスがタイトなときは、より安全に受けるためにステップインやステップアウトする

手首をやわらかく使って、床にバウンドさせる

ディフェンスの足もと（レシーバーとの距離２／３）にバウンドさせて出すのがバウンスパス。オーバーヘッドパス同様、もっともよく使われるパスといえる。

バウンスパスで大切なのが、体の使い方。足を踏み出すことで、パスを出すコースが変えられ、自分の体をディフェンスとボールの間におくことで、より安全にパスを出すことができる。

ディフェンスがきびしい場面で使われることが多いので、受ける選手はハンドターゲットで、欲しい場所をつたえて、必要であればステップインやステップアウトして受けるようにしよう。

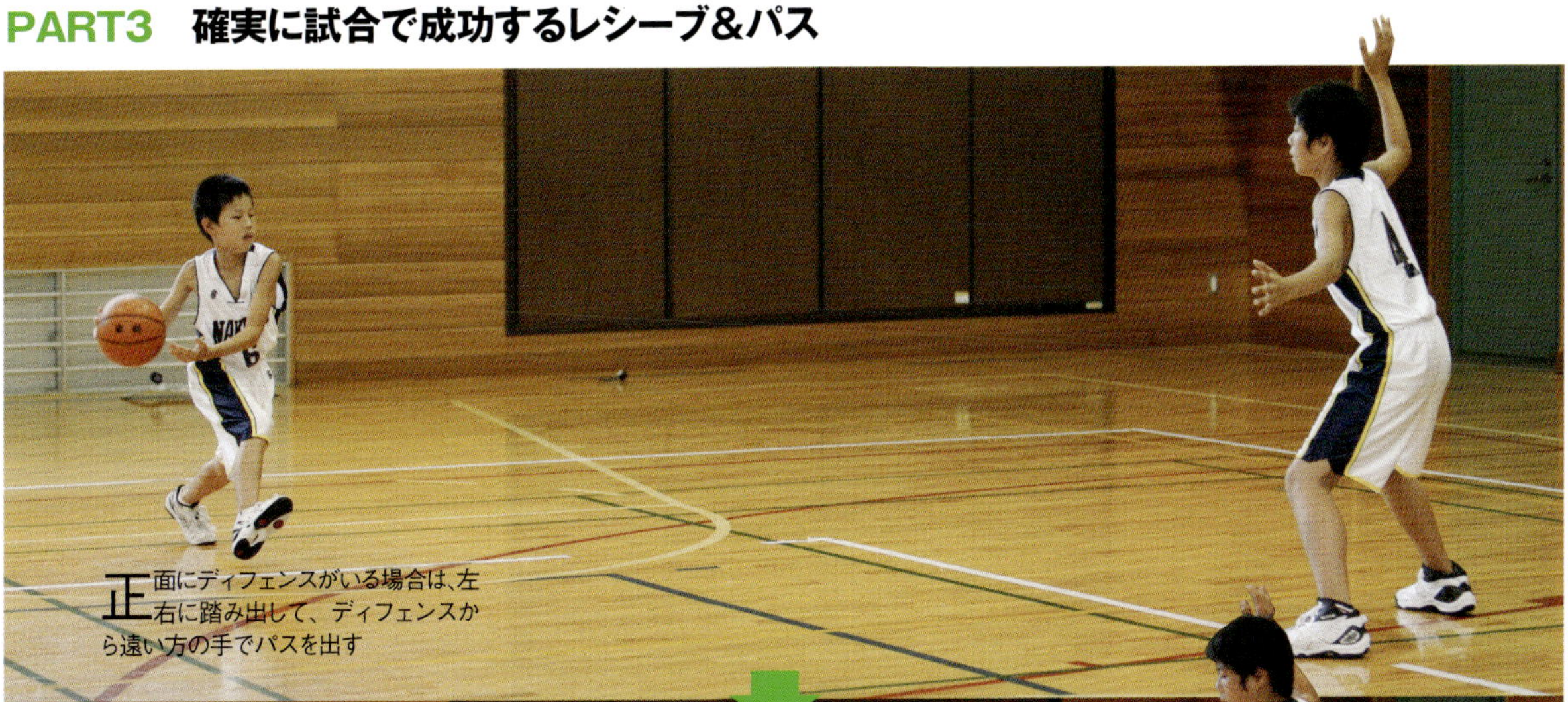

正面にディフェンスがいる場合は、左右に踏み出して、ディフェンスから遠い方の手でパスを出す

レシーバーからボールが見えるようにボールを上げる。シュートの可能性もあることをディフェンスにつたえておこう

手が投げる方向に対して、ボールの後ろになるように持つ。手首のタメがなくならないように注意しよう

3-6

ピボットパス

タイトなディフェンスを受けた場面でパスコースがないときに、
自分でパスコースをつくり出すのがピボットパス

体重をしっかりのせて、右に足を踏み出し、ボールを右に運ぶ。ドリブルもしくは右にパスを出すように見せかける

左にボールと足を移動する。このとき、ボールは低い位置を通し、姿勢が高くならないように注意しよう

ディフェンスがつられたら、床に踏み出した右足で床をける

ローポストへのパスや、プレスをかけられているときなど、ディフェンスがきびしい場面では、バウンスパスをしようとしても、なかなかパスコースが見つからないことも多い。そんなときに有効になるのがピボットパス。

パスコースがないときは、ピボットしてフェイクを入れることで、パスコースを自分でつくって、パスを出すのがピボットパス。

横に足を踏み出して、ドリブルもしくはパスと見せかける。このとき、しっかり、踏み出した足に体重をのせることが大切。

体重がのっていないと、ディフェンスがこの動きにつられてこなければ、本当にパスやドリブルができなくなってしまうからだ。

ディフェンスが、ドリブルやパスのコースをふさぎにきたところで、床をけってすばやくディフェンスの反対側に踏み出せば、パスコースができる。

方向を切りかえるときに大切なのが、姿勢が高くならないことと、低い位置でボールを移動すること。ディフェンスの手がとどかないところでボールを移動することが大切だ。ボールが下にきたときに手首が下を向かないように気をつけよう。

ディフェンスの反対側に腰を落として踏みこめば、安全にパスが出せる。

ディフェンスの横に右足を踏みこみ、自分の体でパスコースをガードしながらバウンスパス

レシーバーは、ハンドターゲットを出し、ステップインやステップアウトしてボールを受けると、さらにつぎのプレーにつながりやすくなる

スナップパス

相手のスキをついてドリブルから直接パスを出すスナップパス。
試合のテンポが速くなるので、パスしたあとの動きも大切になる

フリーの選手を見つけたら目で相手にパスを出すことをつたえる

ドリブルでは顔を上げて、しっかりまわりを見ておくことが大切

やわらかく手首を使ってボールをまっすぐに押し出す

ドリブルをしているときに、はげしいプレスをかけられたり、攻撃をスピードアップするチャンスを見つけたときに有効なのがスナップパス。

ドリブルから、ボールを持たずにパスを出すため、ディフェンスの反応を遅らせることができる。バスケット近くやシュートエリアで、一瞬、フリーになった選手を見つけたら、相手のスキをついてパスすることができる。

ドリブルで床からはね上がったボールを受けたところで、手首を返して、やわらかくボールを押し出す。まず指先を上に向けて練習し、なれてきたら指先が横を向いていても正確なパスを出せるようになろう。

腰のあたりでボールの勢いを止めながら受ける

手首をすばやくかえしてパスを出す。左手はハンドガードを下ろさないようにしよう

パスを出したコースに腕が残る（フォロースルー）ように、やわらかく腕を使うのがポイント

試合のテンポが速くなるので、つぎのプレーにスムーズにうつることが大切

3-8

ディフェンスリバウンドからのアウトレットパス

ミスしたらもっとも失点につながりやすいバスケット下でのパス

ディフェンスリバウンドをとった後、バスケット近くから外に出すアウトレットパスの注意点を見ていこう。

ディフェンスリバウンドからのアウトレットパスでは、バスケット下に選手が入り乱れているので、パスを出すときに注意しなければならない。バスケットから近いので、パスミスから相手にボールがわたれば、すぐに失点につながってしまう。

リバウンドをとった後の姿勢と、状況に合わせた体の使い方が大切。リバウンドから着地する前に、目で相手バスケットを確認する。

そこから体をターンさせる間に、まわりの選手の動きを見て、どこにパスを出すかを判断しなければならないのだ。前を向いてからじっくりパスコースをさがしていたのでは、ディフェンスに守る時間をあたえてしまう。

基本の動きをおぼえて、すばやく確実にパスをつなげていこう。いいパスが通れば、得点につながりやすい重要なプレーだ。

①バックターンからのパス

②フロントターンからのパス

③ワンドリブルからのパス

④ベースボールパス

①バックターンからのパス

※DVD映像ではフロントターンのみ紹介

リバウンドをとった後に、相手との間にスペースがあればバックターンしてパスを出すのが基本。

リバウンドから着地する前に、うしろにスペースがあるかを確認し、まわりの選手の動きを見て、パスコースをイメージしておくことが大切だ。

あせらずに確実にパスをつなげていくことを最優先に考えよう。

リバウンドをとりながら、うしろのスペースと選手の動きを確認

パスコースをイメージしながら、どちらにもターンできるように両足で着地

相手との間にスペースがあるので、左足を軸にバックターン

ターンで右足を踏み出しながらパスを出す

ボールをうばわれてしまうと失点につながるので、落ち着いて確実なパスを出そう

②フロントターンからのパス

ディフェンスがピタッとうしろから守ってきたため、バックターンするスペースがない場合は、フロントターンからパスを出すようにしよう。

リバウンドでボールが手に入ったら、空中にいる間に、自分のうしろのスペースと、まわりの選手の状況を確認して、着地後のプレーの準備をしておこう。

ディフェンスが近くにいるので、ただフロントターンをしただけでは、前にまわりこまれ、パスを出せなくなってしまう。

着地したら、腰を落として、まず右にバックターンをするフリでディフェンスを引きつけて、フロントターンのスペースをつくることが大切だ。

空中にいる間にうしろのスペースがあるかないか、まわりの選手の動きなどを確認しておこう

パスを出す選手の動きを確認しながら、左足を軸に左にフロントターン

すばやくフロントターンに切りかえる。姿勢が高くならないように注意しよう

ディフェンスがすぐうしろにきているので、バックターンするスペースはない

右にバックターンをすると見せかけてディフェンスをワンサイドに引きつける

ターンのときにバランスをくずさないように気をつけよう。低い姿勢で、しっかり軸足にのることが大切だ

ディフェンスをふり切って戻ってきた選手にパスを出す

③1ドリブルからのパス

リバウンドからフロントターンをしたが、まわりに安全にパスを出せる選手がいなかったり、パスコースをふさがれてパスできない場合、1ドリブルして、ヘルプのディフェンスを引きよせることで、フリーの選手ができる。つまり、パスコースをつくることができるのだ。

フロントターンをしたときに、確実にパスを受けられる選手がいる場合は、わざわざ危険なバスケット下のドリブルをする必要はない。

ディフェンスが近くで守ってくるようなら、1ドリブルで自分のマークをはずして、フリーになった選手にパスをしよう。

リバウンドをとりながらうしろを確認する

低い姿勢をキープしたまま、できるだけ低いところを通して、ボールを左サイドに移動させる

そのままドリブルに入る。ここで大切なのが、右足を踏みこむ場所。ディフェンスの右足のすぐ横に踏み出すことで、確実にディフェンスをぬくことができる

右バックターンと見せかけて、ディフェンスがつられる

フロントターンからパスを出そうとする。ここで安全に出せるようならパスを出す

ディフェンスが右へのパスを読んで守りにきた

ディフェンスをぬいたら、ヘルプの選手がくるので、味方がフリーになる。ヘルプがこない場合は、そのままあいたスペースを利用してドリブルする

ヘルプにきたので味方が完全にフリーになった状態で、1ドリブルからパスを出す

④ベースボールパス

ディフェンスリバウンドで、プレッシャーをかけられるということは、相手のディフェンスもそれだけバックコートに残っているということになる。

つまり、フロントコートに走りこんだ味方の選手にパスが通れば、もっとも得点につながりやすい速攻のチャンスになる。

そんな長いパスを出す状況で使うのがベースボールパスとなる。ただし、ボールを下げて、大きな動きになってしまうと、相手に読まれて、パスをインターセプトされてしまう。

ボールの位置は下げずに、肩くらいのところから、腕の振りと足の踏みこみで投げるようにしよう。

NG

一度ボールを下げてしまうと、動きが大きくなりすぎて、ディフェンスに読まれてしまう。動きがなるべく大きくならないように注意しよう

野球のピッチャーのように大きくふりかぶってしまうとパスを読まれて、通らなくなってしまうので気をつけよう

肩の高さから腕をふって、前にいる選手にパスを出す

得点につながりやすい速攻をするために、なるべく前でフリーの選手を見つけてパスするといい

ベースボールパスは、長いパスが投げられるため、一気に速攻につながることが多い

Column 3

攻めているからパスが通る

パスをミスしたときに、どうしてもパスを出した選手が目立ってしまうのがバスケットボールの特徴。

確かに、相手にとられてしまうパスを出す選手を見ていると、とられて当たり前のパスを出している場合も少なくない。しかし、そのような選手は、日ごろの基本練習で、「相手にとられるパス」しか練習していないのも事実だ。

相手に体を向けて、パスする相手を見ながら、パスする方向に足を踏み出して……などと教えられていると、試合になったときに、いともかんたんにパスをとられてしまうのだ。

相手からしてみれば、目線やかまえ、体とボールの動きでパスコースを教えてもらえる。これからパスを出すコースをていねいに教えてもらっているのだから、インターセプトしてくださいといっているようなものだ。

パスの場合、さらに受け手の問題がある。パスが通らないのは、出し手と受け手の両方に責任がある。

バスケットボール競技は、全員で相手のバスケットをねらって、得点をきそう競技だ。「ボールを持っていない選手」が、全員でバスケットを攻めているからこそ、パスが通るのだ。まわりの選手が、その場でつっ立っているだけでは、いいパスを出そうにも出すところがない。

ボールを持っている選手が、バスケットを攻めるからこそ、相手のディフェンスがまよい、視野とポジションがみだれ、姿勢がくずれることによって、得点につながるパスコースが生まれるのだ。

自分がボールをとられないための逃げたパスでなく、全員でバスケットを攻める中での、攻撃的なパスを身につけていくように心がけよう。

PART4

プレスディフェンスを突破する

オフェンステクニック

プレスディフェンスを破らなければ試合に勝つことはできない

プレスディフェンスの目的

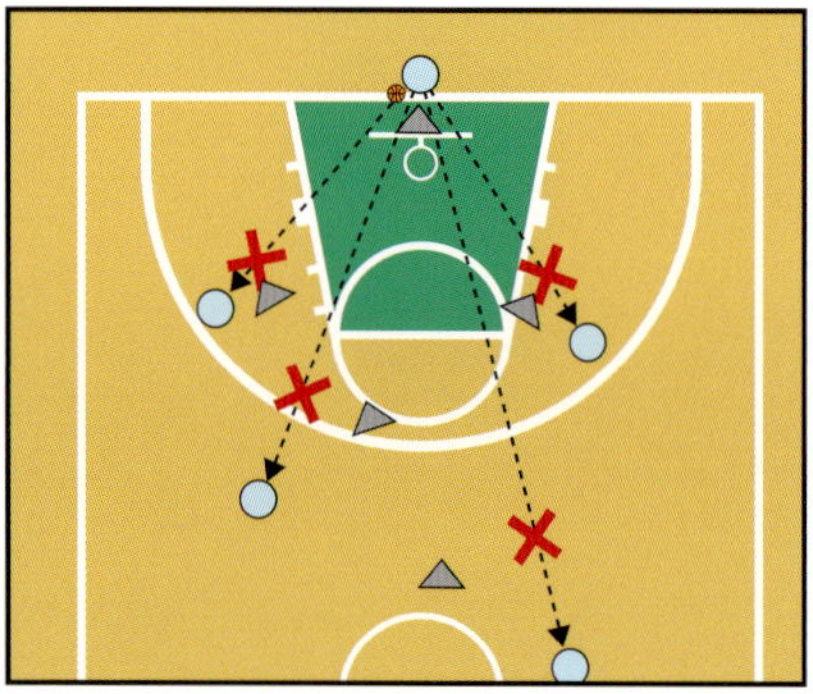

すべてのパスやドリブルのコースをふさぎ、ドリブルミス、パスミスやレシーブミスをさそってボールをうばうのが、プレスディフェンスの目的

バックパスのないミニバスではフルコートのプレスとなる

小学生のミニバスケットボールでは、センターラインをこえてうしろに戻すバックパスの反則がないため、プレスディフェンスというと、おもにフルコートで行うフルコートプレスを意味することが多い。

プレスディフェンスとは、きびしいプレッシャーをかけて、ドリブルやパスのコースをすべてふさぎ、ボールをうばうためのディフェンス。

相手に得点された直後の、バスケット下からのインバウンスや、ディフェンスリバウンドをとった後のバスケット下でプレスをかけられる場面が多くなるだろう。

相手に得点された直後のインバウンスは要注意

失点後のインバウンスでは、コートの外からパスを入れる選手にプレッシャーがかかり、パスコースを限定されたところで、それぞれの選手に対するパスコースをふさがれてしまう。

プレスディフェンスでは、苦しまぎれのパスを出させパスミスをねらってインターセプト、はげしいマークでレシーブミスからのインターセプト、コーナーあたりでボールを受けさせて、ダブルチームでトラップにかけてミスをさそうことなどが目的となる。

そこで、大切になるのが、インバウ

たとえパスが通ったとしても、コーナー近くまで戻ってパスを受けるのでは、ディフェンスの思うツボ。コーナートラップにつかまって、ミスが起こりやすくなる

ンスを行う選手は、パスフェイクなどを使って、ディフェンスにかんたんにパスを読まれないこと。

つぎに、パスを受ける選手は、マークマンとの1対1に勝って、パスを受けること。ディフェンスにつごうのいいところでパスを受けさせられないように注意しよう。

そのためには、フェイントをかけ、自分の体全体を有効に使って、ディフェンスより有利な場所、ディフェンスを思い通りに動かさないための姿勢でパスを受けることが大切だ。

何も考えずに、相手より動き回ろうとするのでなく、少ない動きと正しい体の使い方をおぼえることがプレスを突破する近道といえる。

リバウンド後のパスコースは着地前にイメージしておく

ディフェンスリバウンドをとった直後にも同じことがいえる。

リバウンド直後に、バスケット下に選手が入りみだれているところで、パスの出しどころをまよっていると、かんたんにプレスにかかってしまう。

アウトレットパスのところでも説明したが、着地する前に、まわりの選手の動きを読んで、パスコースをイメージしておくことが大切だ。

同様に、パスを受ける選手も、味方がリバウンドをとったところで、マークをはずすための動作に入らなければならない。

パスできなくてもあせらない

パスコースがなくなってしまったときも、あせらないことが大切。相手につぎのプレーを読まれないような動きで、スペースを見つけながら、安全なパスを出せるようになろう。バスケット近くでのミスは、すぐに失点につながることをおぼえておきたい。

ディフェンスをふり切って パスレシーブ～フロントターン

完全にふり切った場合はレシーブからフロントターン

バスケット下からインバウンスのボールを受けようとしたら相手がプレスをかけてきた
前にステップしてフロントコートに走ると見せかけ、相手を引きつけてから方向を変える
ボールを受けに後方に走る

失点後のバスケット下からのインバウンスで、相手がプレスディフェンスをしかけてきた場合、パスを出す選手も大切だが、それ以上に、パスを受ける選手が、どれだけマークをはずすかが重要なポイントになる。

相手のマークをふり切れないと、ボールをうばわれて、つぎの失点につながってしまう。

いくら足が速くても、せまいエリアでは、なかなかディフェンスをふり切ることはできない。

ボールを受ける選手は少ない動きと正確な体の使い方が大切になる。まずフェイントをかけてから動くことを心がけよう。そして、ボールを受けるときはジャンプストップで、パスを受けたあとにどちらにでもターンできるようにしておくことが大切。ディフェンスとの間にスペースがない場合は、フロントターンで前を向くようにしよう。

全速力で戻り、レシーブ後にどちらにもターンできるようにジャンプストップでパスを受ける

右足を軸にフロントターンする。パスを出す選手もしっかりフェイクしてパスコースをあけておくことが大切だ

4-2 ディフェンスをふり切って レシーブ～フロントターン～ドリブル

フェイントを入れてプレーの幅を広げていこう

パスを受けにもどったものの、ディフェンスがピッタリついてきて、うしろにスペースがない場合は、フロントターンをして前を向こう。

パスレシーブは、基本のジャンプストップ。パスを受けるときに、自分のマークがどんな動きをしているかを確認して、つぎのプレーをやりやすいサイドにフロントターンすることが大切だ。

ディフェンスがパスコースをつぶしにきた場合は、サイドに向けたフロントターンからドリブルにつなげてもいいだろう。ターンのときに自分の体をうまく使ってプレスを突破しよう。

マークをはずしてパスを受けに走る

ディフェンスがパスを読んで、パスコースをつぶしにきた

右に体をひねって、うしろの状況を見る

ディフェンスを完全にふり切れずにスペースをつめてきた状況

パスレシーブはジャンプストップで、どちらにもターンできるようにしておこう

左足を軸にして左にフロントターン。あいたスペースにドリブルする

4-3

ディナイディフェンスをふり切ってパスレシーブ

ディナイディフェンスに対してはポジションどりが大切

ディフェンスが体をつけて、完全にパスコースをふさいでくるディナイディフェンスをしてきた場合、体をうまく使って、ディフェンスの前に出ることが大切だ。

上半身からポジションをとりにいくと、どうしても押し合いになってしまう。姿勢を低くして下半身からディフェンスの前に入ることが大切だ。

ディフェンスの前に回りこんだら、体を横に大きく使ってパスを呼びこむのがポイント。

力で押しこもうとすると、ファールをとられてしまうので気をつけよう。

パスコースをふさぐディナイディフェンスをしてきた

前に回りこんだら、体を左右に大きく使って、ディフェンスに回りこまれないようにする

低い姿勢で、腰を落としたままディフェンスの右足の外側に右足を踏みこんでパスを呼びこむ

指先を上に向けてしっかりパスを受ける。ディフェンスが近くにいるので、ボールの受け方と持ち方が大切だ

レシーブ前に、まわりの選手の動きを見て、つぎのプレーをイメージしておこう

4-4

パスレーブから クロスオーバーステップ

パスレシーブに成功したら、すぐにつぎのプレーにうつることが大切

ディフェンスをふり切ってパスをレシーブできたところで、ここでプレスディフェンスのトラップにつかまってしまっては意味がない。

　レシーブしたら、まず前を向き、なるべく時間をかけずに、つぎのプレーにうつることが大切だ。時間をかけてしまうと、ディフェンスのヘルプがきて、ダブルチームにつかまってしまう。

　前を向いたときに、有効になるのがクロスオーバーステップ。フロントターンからのクロスオーバーステップを使い、フェイクを入れてから、ドリブルやパスをするといいだろう。

ターンした左足を外側に踏み出し、ボールを左側に出し、ディフェンスの注意をひく

ディフェンスが左方向へのパスやドリブルを止めにきたら、左足で床をけり、右にクロスオーバーステップ

ボールはなるべく低いところを移動させるのが安全。姿勢が高くならないように注意しよう

ディフェンスがぴったりついているのでフロントターンで前を向く。ここでは、右足を軸に右フロントターン

ディナイディフェンスをふり切ってパスをレシーブ

ドリブルはディフェンスから遠い右手で行う。いつでもディフェンス→自分→ボールの関係を忘れないようにしよう

前にスペースがあいているときは、ムダなステップを踏まずに、スムーズにドリブルをはじめよう

4-5

ダックインステップ

ディナイディフェンスを破るための基本テクニックがダックインステップだ。正しい体の使い方をおぼえておこう

パスコースをきびしくディナイされたときに、前に出るときの体の使い方をおぼえておこう。

まず最初に、姿勢を低くして、下半身からポジションをとりにいく。ディフェンスの足のすぐ外側に大きく踏み出すことで、ディフェンスは動きがとれなくなる。

低い姿勢で踏みこんだ足に重心をのせたところで、姿勢を少し高くして、体を左右に広げてパスを呼びこむ。

うしろからディフェンスにプレッシャーをかけられても、広いスタンスで、ディフェンスに前に回りこまれないようにしよう。

パスコースを完全にディナイされた場合、このままではパスを受けられない

踏み出す足の位置がポイント。ディフェンスの足のすぐ外側に踏みこむことで、ディフェンスは、一度、足を下げてポジションをとりなおさなければならなくなる

重心が踏みこんだ足にのったところで姿勢をもとの高さにする

低い姿勢で下半身からポジションをとりにいけば、多少、押されても負けることはない

ディナイしている腕をくぐりぬけるようなイメージで、姿勢を低くして前のポジションをとりにいく

体を横に大きく広げてパスを呼びこむ。体を大きく使って、ディフェンスに前に回りこまれないようにすることが大切

Column 4

つねに試合を考えた練習をする

勝てないチームや、ある程度までいったところで、どうしても負けてしまうチームの練習を見ていて感じるのが、練習のための練習をしているチームが多いことだ。

試合では、当然のことながら、相手がいる。

日ごろから、ドリブル、シュート、パスなどのオフェンスの練習であれば、つねにディフェンスがいることを意識した練習、ディフェンスの練習であれば、オフェンスの動きを意識した練習をしているかどうかは、試合を見れば明らかにわかるもの。

よく見うけられるのが、ペアを組んで、向かい合って、野球のキャッチボールのようにパスの練習をする風景。野球であれば、ウォーミングアップとして、ボールの指のかかり具合を確認するなど、キャッチボールの意味も大きいが、バスケットボールにそのようなウォーミングアップは必要ない。

パスの種類によって、どのようなときに、どのように使うかを体でおぼえさせるには、つねに向かい合ったポジションで練習したところで、試合で使えるようなパスの技術は身につかない。

相手からのプレッシャーをまったく受けずにプレーできるのは、試合中はフリースローだけ。つまり、フリースローの練習以外は、すべてが試合を頭に入れて練習しなければならない。フリースローでさえも、メンタル面でプレッシャーがかかるため、練習のときよりも成功率は低くなることだろう。

まず、自分がボールを受けて、プレーの最後はどのようにフィニッシュさせるかをイメージして、試合に近い状況をつくって練習することが、試合で使える技術やプレーの練習になることを忘れないようにしよう。

PART5

相手にシュートを打たせないための

ディフェンススキル

Ⓐ基本のステップ

ステップはディフェンスの基本。相手の動きを予測して低い姿勢ですばやく対応しよう

ディフェンスでは、自分のマークしているオフェンスに思った通りのプレーをさせないことが大切。そのためには、相手がどんな動きをしてもいいように準備しておかなければならない。

ディフェンスの姿勢は、オフェンスのときよりも低く腰を落とし、広めのスタンスで、ひざにタメをつくっておくことが大切。

小学生の場合、自分のマークを決めるマンツーマンディフェンスをすることが多いと思うが、ここでかん違いしてはいけないことがある。

マンツーマンだからといって、守っているのは人ではなく、バスケットとボールということを忘れてはならない。つまり、自分のマークだけを見ていても仕方がないということ。その状況に合ったポジションをとり、必要であればヘルプに走らなければならない。

このように、さまざまな動きをするためにも、ステップはとても大切となる。とくにオフェンスの横の動きに対してのステップが重要だ。オフェンスにふりまわされてもバランスをくずさないステップをみにつけておこう。

NG

足を引きよせて両足がそろったところで、オフェンスがクイックな動きをしたら、バランスをくずして遅れてしまう

フルスライドステップの落とし穴

基本のステップのひとつに、踏み出した足に、もう一方の足を引きよせるスライドステップがある。

このときに注意しなければならないのが、足を引きよせたときに両足がそろってしまうと、とっさにオフェンスが動きを変えたときにバランスをくずしやすく、スタートも遅くなってしまうということ。

スライドステップでは、完全に足を引きよせるのでなく、肩幅くらいまで引きよせたところで踏み出すようにしよう。

5a-1

ハーフスライドステップ

広めのスタンスをキープして、腰を落とした低い姿勢で体が上下に大きく動かないように、横に足を送り出そう

それほどスピードのない動きや、トップスピードで動いている相手の前に回りこむときなどに使うステップ。

進む方向の足を踏み出したら、もう一方の足で床を横に押し出すように、横にスライドする。

このとき、足を肩幅くらいのところまで引きよせたら、すぐにつぎのステップにうつることが大切。両足がそろってしまわないように注意しよう。

腰を落として、低い姿勢で、両手の指先を上に向けて、ボールに対するプレーの準備しておくことが大切だ。

肩幅くらいのところまで引きよせたら、つぎのステップを踏み出す。両足がそろってしまうと、ドリブルでぬかれやすくなってしまう

指先を上にして準備しておくことで、どんなボールの動きにも対応しやすくなる

左足で床を押し出すように横にスライドする

5a-2

クロスステップ（ランニングステップ）

低い姿勢をキープしたまま、足をクロスさせて、
スピードのある動きについていくためのランニングステップ

マークがスピードを上げたときに、スライドステップでついていけなくなったら、ふつうに走るときと同じクロスステップに切りかえよう。

クロスステップのときも、上半身を相手に向けたまま、姿勢が高くなったり、体が大きく上下に動かないように注意しよう。腰が高くなってしまうと、不安定になって、スピードの変化についていけなくなってしまう。

リズムよく、つねに下半身にタメをつくっておくことが大切だ。

ひざを曲げ、低い姿勢で準備しておくことで、1歩目から力強く床をけって、キレのあるスタートができる

姿勢を低く、上半身は相手に向けたまま、体の上下動を少なく走る

スイングステップ

左右に体を入れかえて、うしろに下がるスイングステップ。
クロスオーバードリブルなどクイックな動きにもしっかりついていこう

自分がマークしている選手が、ディフェンスをかわしながら、方向を変えてドリブルしてきたときのステップがスイングステップ。

うしろに進みながら方向を切りかえるときに、体のバランスがくずれないように注意しよう。

両足がそろってしまったり、バランスをくずすと、オフェンスに踏みこまれて、ディフェンスを破られてしまう。姿勢が高くならないように注意しよう。

手をあげて、低い姿勢をキープしたまま、しっかり相手の動きについていこう

方向を切りかえるときにバランスをくずさないように注意

ななめうしろに下がりながらハーフスライドステップで守る

マークしている選手が方向を変えながらドリブルをしてきたときのステップ

5a-4

アタックステップ

フリーになったマークにボールがわたったときに、全速力でマークに戻るアタックステップ。クローズアウトとも呼ばれている

少しはなれたところにいる自分のマークにボールがわたったときのステップがアタックステップ。

ヘルプに入った直後や、スキップパスなどで、フリーになったマークにパスが通ったとき、まずは全速力でスペースをうめて、両手をあげてシュートをさせないことが大切。

このとき大切なのが、最後のつめよったときのステップ。全速力のランニングステップのまま、最後までいってしまうとスピードがコントロールできずにドリブルでぬかれてしまう。

最後の1、2歩は、姿勢を低くして、相手の動きを見ながら、ハーフスライドステップで相手の動きを制限しよう。

ヘルプに入ったところで、自分のマークにパスを出されてしまった

最後の2歩くらいは相手の動きを見ながら、ハーフスライドステップでスペースをつめていく

いきおいをコントロールできなくなると、左右の動きについていけなくなるので注意しよう

クロスステップを使って全速力で相手との距離をつめる

シュートがないとわかったら、ボールに対してプレッシャーをかける

両手をあげて、シュートコースをふせぐ。シュートをさせないことを最優先に考える

5a-5

ハーフスライドからクロスステップ

相手のスピードに合ったステップを使いこなそう

パスにそなえて指先を上に向けて手を準備しておく。ボールに対するプレッシャーも忘れないようにしよう

姿勢を低くキープして、クロスオーバーなどにも対応できるようにしておこう

スローダウンしたときも、バランスをくずさないようにしよう。ミドルコートに運ばせないことが大切だ

ハーフスピードドリブルに対しては、ハーフスライドステップで対応する

両足がそろわないように、肩幅くらいのところで足を送り出しながら前に回りこむ

相手のドリブルのスピードに合わせて、ディフェンスもステップを使いこなさなければいけない。

　ハーフスピードドリブルであれば、ハーフスライドステップで、ボールとパスに対するプレッシャーをかけ、スピードドリブルでは相手の思ったコースに運ばせないことを考える。

　同時に、どんな動きにも対応できるように、つねに低い姿勢で、ひざにタメをつくっておくことが大切だ。

　ドリブルに対するディフェンスの基本は、サイドラインに追いつめて、プレーを限定すること。

相手がスピードを上げてきたらクロスステップに切りかえる。ぬかれないようにポジションに注意しよう

Ⓑボールに対するディフェンス

自分のマークがボールを持っているときのオンボールディフェンス

ボールを持った選手に対するディフェンスをオンボールディフェンスと呼ぶ。オンボールディフェンスは、状況によって考え方を変えていかなければならない。

オンボールの状況は、

①オフェンスがボールを受けた直後のライブボール
②ドリブルを終えたデッドボール
③ドリブルをしているオンドリブル

の3つに大きく分けることができる。そして、その3つのそれぞれにおいて、シュートを打てる距離であるかどうかで、ディフェンスの考え方が変わってくるのだ。

3つの状況

①ライブボール　パスを受けた直後、リバウンドをとった直後などの、シュート、ドリブル、パスのすべてができる状況

②デッドボール　ドリブルを終えて、ボールを持った状況。シュートもしくはパスしかすることができない。バスケットから遠ければパスしかできない

③オンドリブル　ドリブルをしている状況。ドリブルを続ける、ストップしてシュートもしくはパス、オンドリブルからのパスが考えられる

①ライブボール

①ライブボールに対して

パスを受けた直後のオンボールディフェンスは、シュート、ドリブル、パスの3つを頭に入れておかなければならない。

シュートエリアでは、まずシュートをさせないことが大切。とはいえ、相手とのスペースをつめて、近くによりすぎると、相手の思い通りにドリブルやパスをされてしまう。

もっとも気をつけなければならないのが、パスを受けた直後。レシーブの流れでタイミングよくシュートを打たせないことが大切だ。

ここでシュートのタイミングをはずすことができれば、少し相手とのスペースをとり、相手の動きを読みながら、思い通りのプレーをさせないようにすることを考えよう。

シュートエリア外のライブボールでは、最初からパスとドリブルを予測し

たディフェンスをするといいだろう。

②デッドボールに対して

ドリブルを終えたデッドボールへのディフェンスも、シュートエリアであれば、まず最初に注意しなければならないのがシュートとなる。

ここでも、ポイントとなるのは、ドリブルを終えた直後。ラストドリブルからボールを手に受け入れたところで、タイミングよくプレーさせないことが大切だ。

②デッドボール

しかし、もっともオフェンスのミスが起こりやすいのも、この瞬間となる。つまり、ドリブルを終えた直後は、ディフェンスにとっても、ボールをうばうチャンスともいえる。

シュートさえなければ、後はプレッシャーをかけて、パスコースを限定して、相手にミスをさせることを考えてプレーしよう。

シュートエリアでなければ、相手はパスをするしかない。その前のドリブルをしているときのディフェンスで、パスコースを制限したところで、ドリブルをやめさせることができていれば、すでにディフェンスの勝ちといえるだろう。

エリア別の考え方

シュートエリア	シュートエリアでは、まず最初にシュートをさせないようにする
それ以外	シュートがない場合は、相手とのスペースを少しとって、ドリブルでぬかれないことが大切

③ドリブルに対して

ドリブルに対するオンドリブルディフェンスは、まず相手にぬかれないことを考えなければならない。ステップのところでも話してきたように、低い姿勢で、相手に思い通りの動きをさせないことが大切だ。

コートの中央から外に向かってディフェンスすることで、その後のプレーの方向が限られてくるので、なるべく外に出すように守っていくことがポイントとなる。

③オンドリブル

5b-1

シュートの可能性がない ライブボールディフェンス

ドリブルやパスで攻めこまれないことを考えよう

バスケットから距離のあるところでのライブボールディフェンスでは、ドリブルでくずされないことが大切だ。

姿勢を低くし、スタンスを広くとろう。片手はボール、もう一方の手はパスコースをふさぐようにしよう。

肩や腕に力を入れずに、指先を上に向けておくことで、どの方向にも腕が動きやすくなる。

下半身は、しっかりひざにタメをつくって、親指のつけ根に体重をのせておくことで、クロスオーバーステップなどにも対応できる。

ここで気をつけたいのが、相手との距離。近くによってしまうと、自分のスタンスの外側に踏みこまれてしまうと、そのままぬかれてしまう。相手が1歩で裏に踏みこめないだけのスペースをとることが大切だ。

オフェンスの選択

- **パス**
- **ドリブル**

ディフェンスの注意点

- 踏みこまれてドリブルでぬかれたり、思い通りのパスを出させないための相手との距離
- クロスオーバーステップなどでバランスをくずさないためのスタンス
- ハンドリングミスを見のがさずに、ボールに反応するための手の準備

5b-2

シュートエリアでのライブボール

まずシュートを止めることを最優先に考えよう

シュートエリアでのライブボールディフェンスでは、まず最初にシュートを打たせないことが大切。

とくにパスやリバウンドでボールを受けた直後が、もっとも気持ちよくシュートを打てるタイミングなので、注意しなければならない。

シュートに対しては、少し相手との距離をつめて、手をあげて対応する。

シュートのタイミングをはずしたら、少しはなして、ドリブルで裏をとられないようにする。

パスに対する考え方も、ドリブルと同じで、横に踏みこまれて、攻めこまれるようなパスを出させないようにすることが大切。

ボールをうばいにいくような攻撃的なディフェンスは、それだけ危険も大きいもの。バスケット近くのライブボールでぬかれてしまえば、そのまま失点につながってしまう。

ボールをうばうだけでなく、相手に時間をかけさせて、ミスを待つのもディフェンスだということを忘れないようにしよう。

オフェンスの選択

- シュート
- パス
- ドリブル

ディフェンスの注意点

- シュートとパスを予測して手を使う
- まずシュートをしっかり止めることで、どんなドリブルか予測できる

5b-3

シュートの可能性がないデッドボール

ボールをうばうチャンス。積極的にプレッシャーをかけよう

バスケットからはなれたところでドリブルをやめたデッドボールに対しては、ディフェンスのチャンス。オフェンスはパスしか出せない状況にある。

ストップからのパスがなければ、シュートエリア外でドリブルを止めた時点で、すでにオフェンスは追いつめられている。パスコースがなくなったり、コーナーもしくはサイドに追いつめられてドリブルをやめざるをえなかったのだ。

相手がドリブルに自信のない選手であれば、ハンドリングミスをさそい出すことができる。

両手と両足を動かして、パスコースを完全にふさぐことで、ミスをしてくれることも少なくない。

相手より低い姿勢で、パスコースを読みながら、積極的に距離をつめてボールにプレッシャーをかけにいこう。

オフェンスの選択

● パス

ディフェンスの注意点

● 相手との距離をつめて、積極的にボールにプレッシャーをかけてうばいにいく

● 基本姿勢を大切にして、横に踏みこまれてパスを出されないことだけを注意する

5b-4

シュートエリアでのデッドボール

ドリブルからストップ直後のシュートに注意しよう

シュートエリアでのデッドボールでは、ドリブルからのクイックストップからのジャンプショットを打たせないように注意しよう。

ドリブルをやめたところで、相手の正面に立ち、両手をあげてシュートを打たせないようにする。

このときに注意しなければならないのがポンプフェイクだ。フェイクで体がのび上がってしまうと、そのままジャンプショットやインサイドへのパスをゆるしてしまう。相手より低い姿勢で、相手の動きをよく見て、シュートの姿勢から、下半身がのび上がったところで、シュートに反応しよう。

ストップ直後をのり切ったら、シュートに注意しながら、両手を動かしてパスコースをふさごう。完全にディフェンスが勝っていれば、バランスのくずれたシュートを打たれてもこわくはない。

オフェンスの選択

- シュート
- パス

ディフェンスの注意点

- ドリブルからストップ直後のシュートを打たせない。フェイクにかからないように注意
- インサイドのパスコースを完全にふさぎ、うしろへのパス、苦しまぎれのシュートを打たせる

5-5

オンドリブルディフェンス

ドリブルに対するディフェンスは、スティールをねらうのでなく、
まずはコートサイドに追いこんで、プレーの幅をせまくする

姿勢を低くして、片手はボール、もう一方の手はパスに対してプレッシャーをかける

ドリブルに対するいいディフェンスは、内側から外に向かってプレッシャーをかけて、サイドに追いやる

さらにいいディフェンスは相手を前に進ませない

NG

もっともよくないのはスティールに出てぬかれてしまうこと

オンドリブルディフェンスでは、つねにコートの中央から外側に向かってプレッシャーをかけること。

さらにいいディフェンスは、進行方向に回りこんで、サイドに追いやりながら、前に進ませない。相手が右ききの選手であれば、左手のドリブルをさせて、コートに右に追いこむと、ミスをさそい出せるかもしれない。

姿勢を低くして、スピードに合ったステップでバランスをくずさないことが大切だ。

もし、相手のハンドリングがおぼつかないようであれば、スティールにいくのもいいだろう。スティールをねらうときは、ボールが床に落ちたときがチャンス。はね上がったところで手を出すと、コントロールされてぬかれてしまう。

オフェンスの選択

- **ドリブルで破る**
- **ストップ～シュート**
- **パス**

ディフェンスの注意点

- 不用意にスティールにいかずに、コートのサイドに追いこむことを心がける
- 相手の状況を見ながら、追いこむ方向やスティールなどを考えていこう

切り返された場合

©人に対するディフェンス

ボールマン以外の選手には、バスケットに向かってプレーさせないのが基本

自分のマークがボールを持っていないときのディフェンスを見ていこう。

自分のマークがボールを持っていない場合、ボールマンの近くにいる場合は、まずその場でパスを受けさせないように、パスコースをふさぐ（ディナイ）ことが大切だ。

つぎに考えなければならないのが、バスケットに対して、自分のマークがプレーしやすいところに移動してからパスを受けるということ。

思ったところに移動させないためには、相手とのスペースをとりつつ、パスコースをディナイしなければならない。

マークがボールマンからはなれている場合、マークの近くにいる必要はない。マークにスキップパスが出たときにすぐに戻れる位置で、バスケットとボールを守ることを考えるようにしよう。

バスケットに対しては、マーク以外の選手が、ボールのあるサイドをバスケットに向かって走りこむバスケットカットに注意しよう。もちろん、自分のマークもバスケットカットをしてくる可能性があるので、カットさせないポジションにいることが大切。

ボールに対しては、ボールマンに対する味方のマークが破られたときに、インサイドにすぐにヘルプに入ることを考えておくようにしよう。

ディナイ

ボールの近くにいるオフェンス選手のパスコースをふさぎ、思い通りのプレーをさせないためのディフェンス

ボールを持っていない選手で、ボールマンの近くにいる場合、ディフェンスはかんたんにパスを出させてはいけない。

両手の指先を上に向けておくことで、両腕が自由に動くようになる。体の半分でボール、半分でマークを守るようにしよう。

完全にクローズスタンスでかまえてしまうと、ボールが見えにくくなり、パスコースに対しても手の反応が遅れやすくなる。

完全にボールマンに背中を見せるクローズスタンスではなく、自分のマークもボールマンも見えるハーフクローズスタンスでかまえるようにしよう。

下半身

スタンスはパスコースに対して少しクローズになるハーフクローズスタンス。ひざを曲げてタメをつくり、低い姿勢で、親指のつけ根に体重をのせておこう

NG

クローズスタンスでかまえると、ふり向かないとボールが見えない。パスコースによっては手の反応が遅れてしまう

5c-2

ディナイ&ヘルプ

味方のディフェンスがドリブルでぬかれた場合、
ディナイしていても、すぐにヘルプに入ってコースをつぶす

ボールを守っていたトップの選手がドリブルで突破されそうな状況

ディナイディフェンスをしているときに、ボールディフェンスがドリブルで破られたときは、まずはドリブルを止めなければならない。

　そこで、ヘルプに入り、最初にドリブルのコースをつぶし、味方がマークにもどったところで、ダブルチームを組む。

　このとき、大切なのが、最初の1歩を大きく踏み出すこと。低い姿勢をキープして、ドリブルのコースをふせごう。

ディフェンスを破られたと同時にドリブルのコースにヘルプに入る

スタートの1歩目を大きく踏み出すことが大切

最初にバスケットに向けてのドリブルコースをつぶす

ダブルチームを組んだときに、2人の間をぬかれないように注意しよう

ダブルチームのポイント

ダブルチームを組んだときに、2人の間があいてしまうと、ドリブルで破られたり、パスを通されてしまうので注意しよう。両手と両足を使って、インサイドのパスコースをふさぐことが大切

5c-3

ヘルプ&リカバー

ヘルプ後に、フリーになった自分のマークにパスを出されたら、アタックステップですぐに戻ってシュートを止めよう

トップのディフェンスがドリブルで破られたので、すかさずにヘルプに入り、コースをつぶす

Wチームでインサイドでプレーさせないようにする

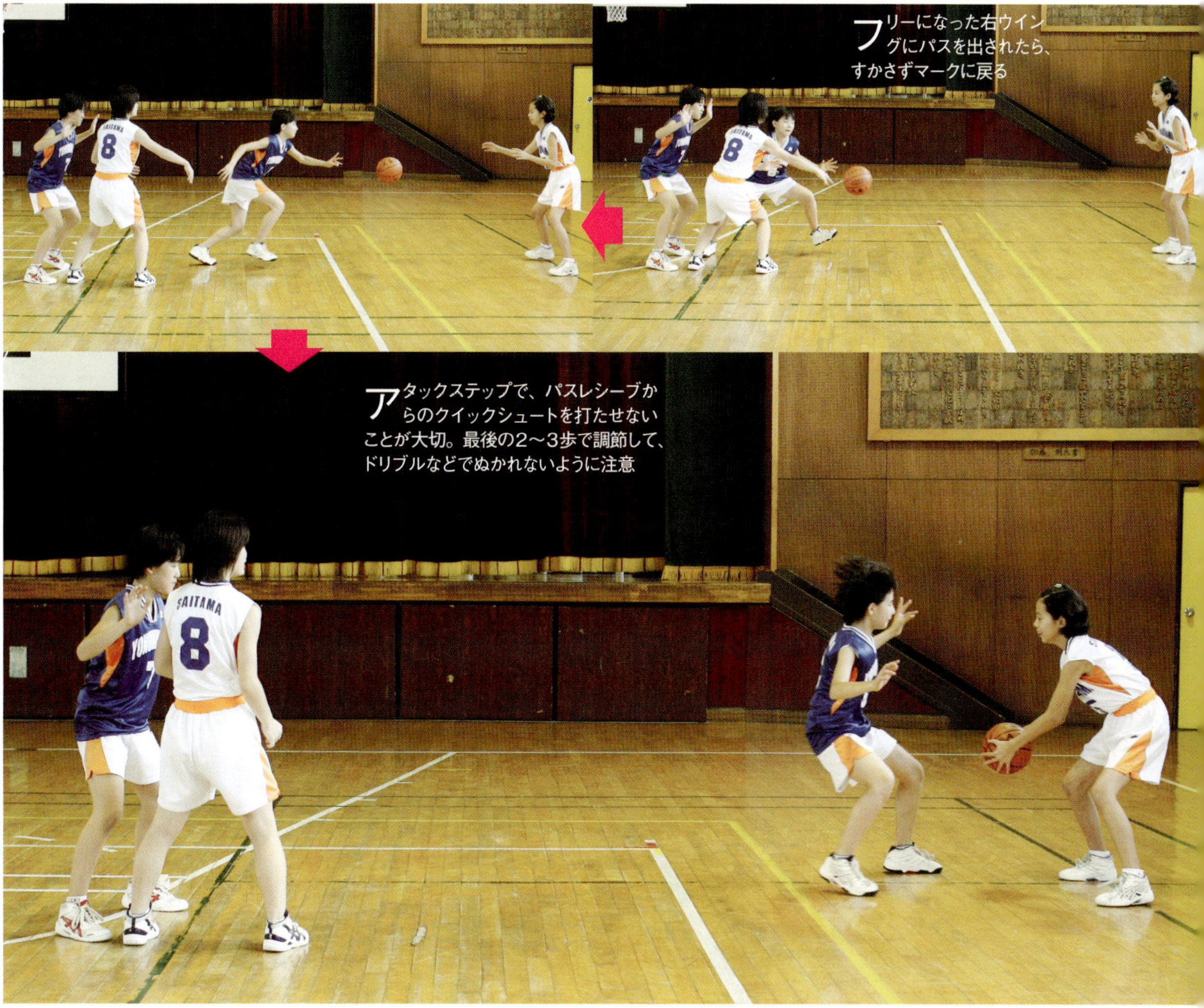

フリーになった右ウイングにパスを出されたら、すかさずマークに戻る

アタックステップで、パスレシーブからのクイックシュートを打たせないことが大切。最後の2～3歩で調節して、ドリブルなどでぬかれないように注意

まず最初にレシーブ直後のシュートを止める。最後までいきおいよくつめよると、ドリブルなどの横の動きについていけなくなるので、最後は姿勢を低くして、ハーフスライドステップで調整しよう

トップのディフェンスが破られ、ヘルプに入ったところで、フリーになった自分のマークにパスを出されてしまったら、すぐにマークに戻る（リカバー）ことが大切だ。

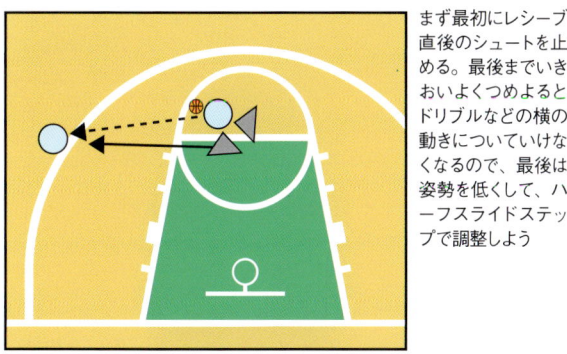

最初に注意しなければならないのが、パスレシーブからのショット。アタックステップで両手をあげてショットを止めよう。

マークに近づいたら、姿勢を落とし、スピードをコントロールすることが大切。いきおいよく最後までいってしまうと、相手の左右の動きについていけなくなる。ドリブルや1ドリブルからの攻撃をさせないように注意しよう。

5c-4
DVD VIDEO

ボールサイドカットに対するディフェンス

ボール近くをバスケット方向に走りこむ選手に対するディフェンス

オフェンスの選手の動きをカットと呼ぶ。カットの中でも、パスを通されるともっとも危険なのが、バスケットに向かって、ボールのあるサイドを走りぬけるボールサイドカットだ。

ボールを受けた選手の近くをカットする選手（カッター）にボールが入ると、インサイドがくずされてしまうので、攻撃の幅が大きく広がる。

インサイドのディフェンスからのプレッシャーが弱いときは、パスレシーブからのジャンプショットや1ドリブルからのジャンプショットを打たれる。

ディフェンスのヘルプがきて、インサイドの選手がフリーになればパスを出される。

インサイドがあいている場合は、ドリブルでインサイドに入り（ペネトレイト）、レイアップやバスケット近くからシュートされる。

カッターにパスが通らなくても、カッターへのパスコースをふさぎにいけば、ボールマンに自由にプレーさせてしまう。

つまり、ボールサイドのカットをゆるしてしまったところで、ディフェンスは不利になってしまうのだ。ボールサイドをカットされる可能性があるときは、まず最初にカットコースに入り、カットさせないようにしよう。

ボールサイドカットからの展開

トップの選手が右ウイングにパスを出したあとの、ボールサイドカットからの展開を見ていこう

パスを出した後、パスコースをなぞるように、ボールのあるサイドをバスケットに向けて走りこむのがボールサイドカット

パスが通され、クイックストップジャンプショット。またはインサイドからディフェンスがきていれば、1ドリブルストップジャンプショット

前のスペースがあいていれば、そのままドリブルで持ちこまれてレイアップ。もしくはインサイドの選手にパス、バスケット下からシュート

ボールディフェンスがパスコースをディナイすると、ウイングの選手が1ドリブルからショット、インサイドにパス、ドリブルなどで攻めこみやすくなる

トップから右ウイングにパスが出たときのディフェンスの動きを見ていこう

ウイングの選手がディナイされている場合も、パスレシーブの位置が高くなるだけで、考え方は同じ

パスを出されると同時に、トップのマークが下がってボールサイドのカットコースをふさぐ

パスが出されたと同時に、トップをマークしているディフェンスが下がってカットコースをふさぐ

5-5

フラットトライアングル

ボールの位置によってディフェンスのポジションも変わる。
コート中央、左サイド、右サイドにあるときの考え方をおぼえておこう

ボールディフェンスがパスコースを限定することでチームとして守りやすくなる

しっかりディナイしておくことで、オフェンスは高い位置まで戻ってパスをレシーブしなければならなくなる。なるべくバスケットから遠いところでボールを持たせることが大切だ

ディフェンスの姿勢と合わせて、ポジションのとり方について考えていこう。

ディフェンスのポジショニングは、コートを中央、左サイド、右サイドの3つに分けると考えやすくなる。

ディフェンスで守るべきものは、バスケットとボール。つまり、バスケットを基準に、ボールの位置によってポジションが決まるのだ。

アウトサイドでボールが移動したときの、ポジショニングの考え方の基本となるのは、フラットトライアングル。ボールディフェンス以外の選手のポジションが、とても大切になる。

ボールに対するディフェンス

ボールマンに対するディフェンスは、片手でボールにプレッシャーをかけ、片手はパスに対して準備しておく。相手との距離をつめすぎて、横に踏みこまれて、ドリブルで破られないように注意しよう

ボールマンの動きを見ながら、ポジションを微調整する。片手はボール、もう一方の手はパスコースを守る

指先を上に向け、ひじをはらずにリラックスさせてパスコースをディナイする。かならずしも、パスをうばうのでなく、バスケットから遠いところでパスをレシーブさせることを考える

人に対するディフェンス

ボールマンに近くのオフェンスに対しては、パスコースをディナイする。右目、右手、右足でボールを守り、左手、左目、左足でマークを守るハーフクローズスタンス。どんなプレーにも、もっとも反応しやすい姿勢だ

①トップからウイングへのパス

ウイングにパスを出されたときのポジションの変化を考えよう

右ウイングへのパス

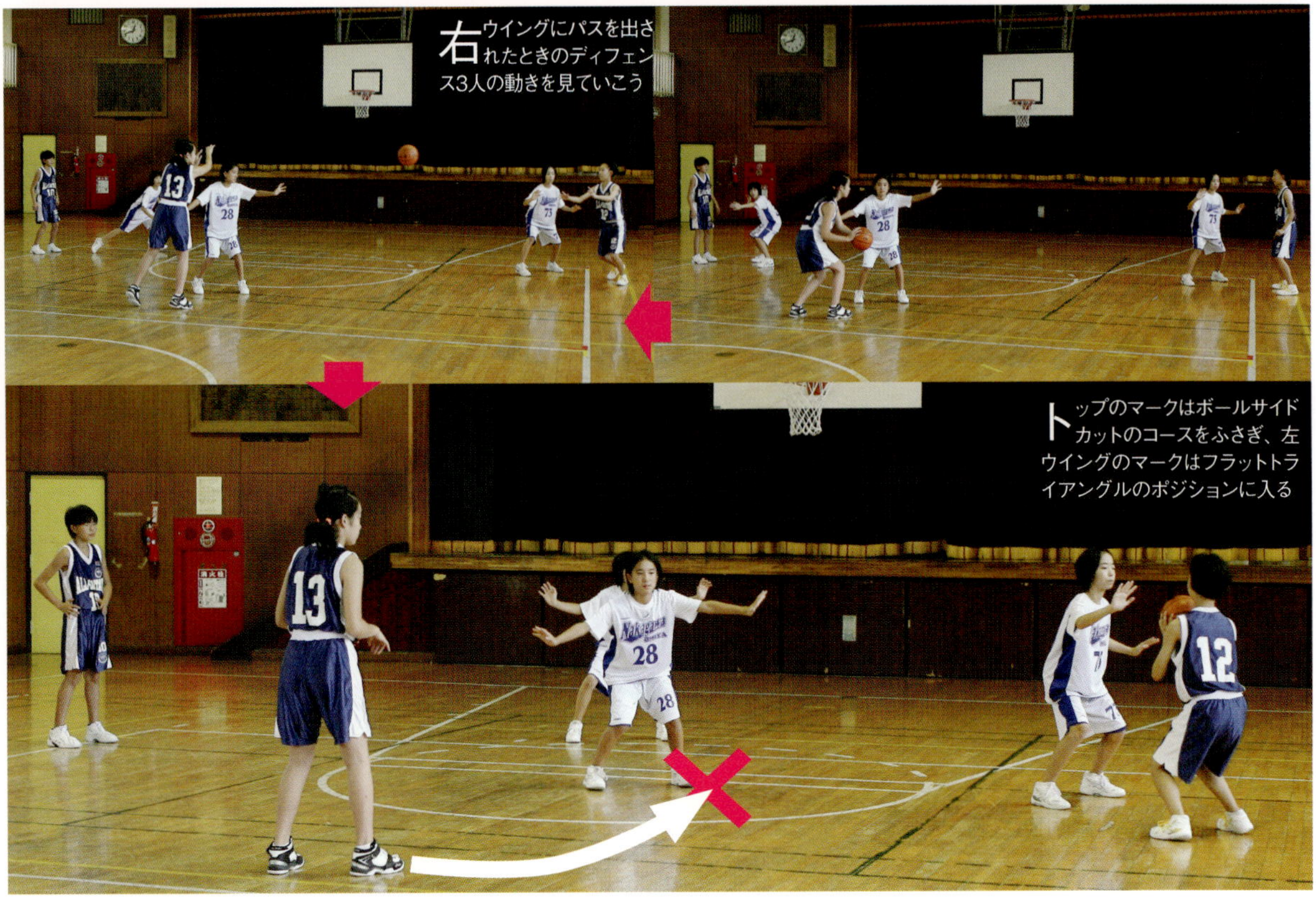

ウイングにパスを出された場合、ボールのない反対サイドのディフェンスのポジションが大切になる。

トップをマークしている選手は、少しボールよりに下がって、ボールサイドカットのコースをふさぐ。

ボールと反対サイドを守る選手は、自分のマークのインサイドへのカットコースをふさぎ、同時に自分のマークへのスキップパスを考えたポジションに入らねければならない。

この反対サイドを守る選手のポジションの目安となるのがフラットトライアングル。

フラットトライアングルでは、
①自分のマークマンとボール
②自分のマークマンとバスケット
この2つの仮想ラインの二等分線上のコート中央あたりにポジションをとる。

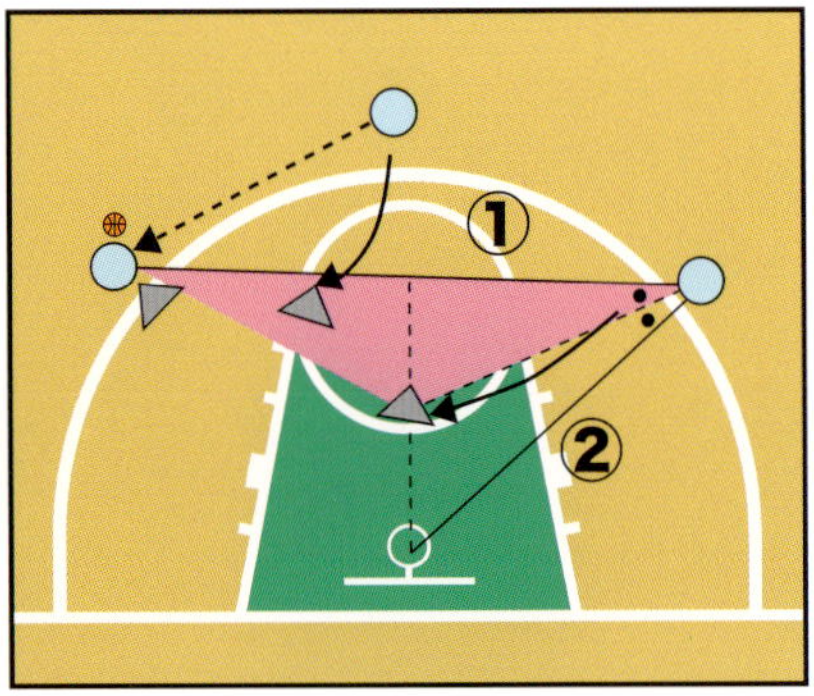

左ウイングへのパス

左ウイングにパスが出た場合も、サイドが変わるだけで考え方は同じ

右ウイングのマークがフラットトライアングルの位置に入り、インサイドのカットコースをつぶし、スキップパスに備える

手

両手の指先を上に向けて、ひじをかるく曲げ力まずにかまえる。ボールとマークを指さすピストルスタンスなどと言われるが、筋力のない小学生がマネをすると、すぐに腕が疲れて下がってしまうので注意しよう

目線

片目はボール、もう一方は自分のマークを見るようにかまえる

左ウイングにパスが出た場合は、右に出たときと反対になる。トップのマークは、右よりに動き、ボールサイドカットのコースをふさぎ、右ウイングのマークがフラットトライアングルの位置に入る

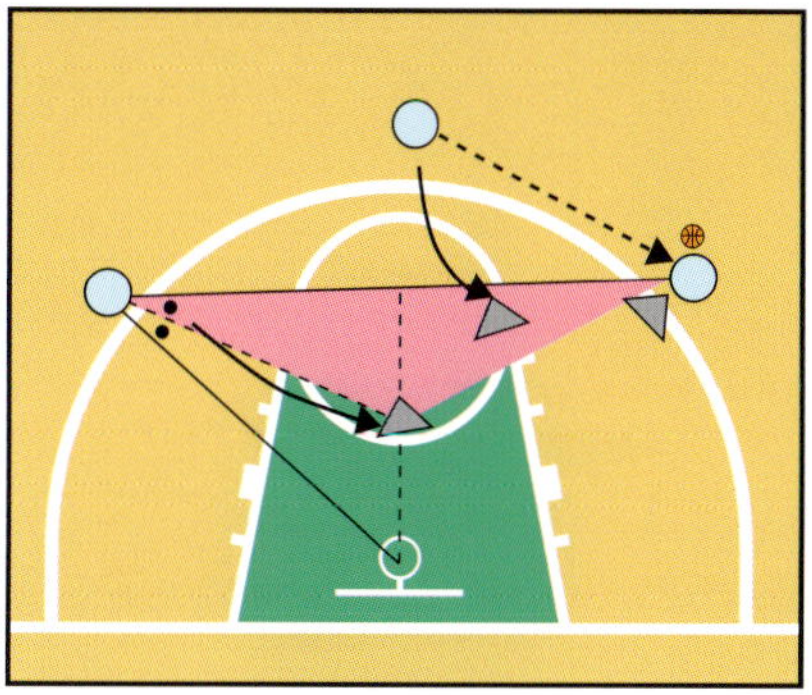

②右ウイングへのペリメーターパスから
スキップパスへの対応

スキップパスが出た場合、アタックステップでまずシュートを打たせないことを考えよう

トップにボールがあり、パスコースをディナイした状態

ボールが移動したので、フラットトライアングルのポジションに移動

右ウイングにパスを出された直後に、左ウイングにスキップパスを出されたときのディフェンスの動きを見ていこう。

　この場合、ボールサイドが変わるため、トップのマークに入っているディフェンスも、ポジションを変えなければならない。

　トップのマークをしている選手は、ディフェンスから見た右サイドにボールが移動したため、右側のボールサイドカットのコースをつぶすポジションに移動する。

　左ウイングをマークする選手は、自分のマークにパスが出た瞬間に、アタックステップでスペースをつめ、まずパスレシーブからのシュートを打たせないようにする。パスが低ければ、インターセプトすることも忘れずに頭に入れておこう。

　パスを出されてしまった右ウイングのマークは、フラットトライアングルのポジションに入り、右ウイングのインサイドへのカットコース（バスケットに向かったバスケットカット）をつぶし、つぎにスキップパスに準備する。

　それぞれの選手が、マークの動きと自分の役割を考えて、正しいポジションに入ることが大切だ。

右ウイングから左ウイングにスキップパスを出されてしまった場合

左ウイングにスキップパスを出されてしまった

逆サイドでのフラットトライアングルのポジションにすばやく移動

自分のスピードに合わせてポジションを微調整する

フラットトライアングルのポジションに入る選手は、自分のスピードや相手のポジションによって、守りやすいように調整するといいだろう。

スキップパスに対して、どうしても反応が遅れてしまうようであれば、最初から自分のマークよりにポジションをとっておくことで、スキップパスからのシュートにも対応できる。

トップのマークはボールサイドカットをふせぐ。右ウイングのマークはフラットトライアングルのポジションに入り、右ウイングのバスケットカットを止める

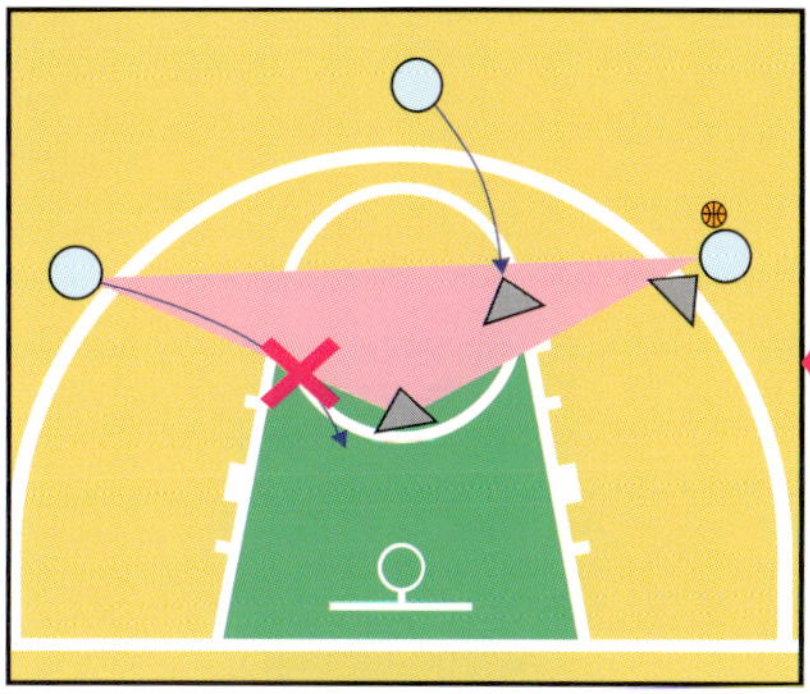

4on4のローテーション

基本の考え方は3人のときと同じ。それぞれの選手がディフェンスの役割をしっかり理解しておくことが大切。

※ローテーション…ボールの移動に合わせて自分のマークの動きを読み、ポジションを移動すること

今度は４人になったときのディフェンスの動きを見てみよう。人数が多くなっても、考え方は３人のときと同じだ。

ボールマンに対しては、ボールとパスコースにプレッシャーをかけ、スペースをつめすぎて、ドリブルで破られないように注意する。

ボールに近いところにいるオフェンスに対しては、パスコースをディナイする。パスを出された場合でも、なるべく高い位置にステップバックさせてレシーブさせるようにしておく。

ボールから遠い選手に対するディフェンスは、スキップパスに準備しておくと同時に、他のオフェンスのボールサイドへのカットコースを考えたポジションに入るようにする。

マークにパスが通されたら、まずパスレシーブからのショットを打たせないこと。つぎにぬかれないポジションをとることを考えよう。

ボール以外のディフェンスは、ボールに近い選手に対しては、パスコースのディナイを考える。

ボールからはなれた選手に対しては、スキップパスに対応できる距離で、他の選手のボールサイドやインサイドへのカットをふせぐポジションに入るのが動きの基本といえる。

右エルボーの選手がボールを持っている場合、両サイドの左エルボーと右ウイングをマークする選手はパスコースをディナイ。左ウイングのマークは、スキップパスとインサイドへのカットに注意してポジションをとる

ボールが左エルボーの選手にパスされたら、すかさず全員が移動する

①ボールマンに対するマークは、ボールとパスコースを両手でふさぎ、ドリブルでぬかれないように注意する

②右エルボーに対するディフェンスは、パスコースをディナイする

③左ウイングに対するディフェンスはパスコースをディナイする

④右ウイングに対しては、スキップパスに注意しながら、右エルボーのインサイドへのカットコースをふさぐ

5c-7

ローポストでのディナイ

バスケット近くの相手のポストプレーヤーにボールが入ると失点につながりやすい。ローポストでのディナイポジションを見ていこう

ローポストでのディナイの基本的なポジションは4つ。

相手の背後から守るバックポジション、ベースライン側の低いところから守るサイドローポジション、高いところから守るサイドハイポジションだ。

そして、ローポストにパスを入れさせないために、サイドローポジションやサイドハイポジションから、前に回りこむフロントポジションがこれらの展開として加わる。

それぞれのポジショニングは、ボールの位置や、相手との身長差などで決まる。

ローポストのディフェンスでは、パスを入れさせないことも大切だが、もし通されてしまっても、プレーさせないように、姿勢やポジションに気をつけよう。

①バックポジション

うしろにヘルプがいないときや、自分より背の高い相手に対してはうしろからプレッシャーをかけていこう

うしろにヘルプの選手がいない場合は、ローポストの背後から守るバックポジション。自分より背の高い選手に対しても、バックポジションをとるといいだろう。

うしろからのディナイとなるため、パスを入れられやすいポジションになるのは仕方がない。

しかしこのポジションでも、体をしっかりつけて、スタンスを広げ、低い姿勢でプレッシャーをかけておくことが大切。ポストプレーヤーにパスが入ったときに、ふり向かせないように、しっかり下半身でたたかっておこう。

②サイドローポジション

ボールがコーナー近くにあるときに、ポストプレーヤーのベースライン側からの攻撃をさせないためのポジション

ポストプレーヤーをベースライン側から守るのがサイドローポジション。

ボールがコーナーにある場合、パスを受けたポストプレーヤーが、ベースライン側にターンやドリブルしてから打つシュートをふせぐためのポジションだ。

パスコースに手をのばすと同時に、相手の足を自分の両足でしっかりはさむ。逆へのターンやドリブルをさせないように注意しよう。

アウトサイドの選手がコーナー近くに移動したら、すぐにこのポジションをとれるように準備しておこう。

③サイドハイポジション

ベースライン側へのパスに注意しながら、ローポストへのパスを確実にディナイできるのがサイドハイポジション

ポストプレーヤーを、ハーフライン側から守るのがサイドハイポジション。

ポストプレーヤーの前に足を踏みこんで、パスコースに手をあげて、しっかりディナイしておこう。

サイドハイは、ディナイしやすいポジションではあるが、ベースライン側にスペースが空いてしまうため、パスを通されるとノーマークでシュートを打たれてしまう。

低い位置にパスが出そうになったら、すぐにマークの前やうしろに回りこめるようにステップワークを練習しておこう。

④フロントポジション

相手の前に完全に出て、パスコースをディナイする。
インターセプトもねらえるポジションだ

●サイドローからフロントポジション

パスを出された瞬間にサイドローポジションから回りこんで相手の前に出る

●サイドハイからフロントポジション

パスが出されたのを見て、すばやくサイドハイポジションから前に回りこむ

完全にシールした広いスタンスで、相手が前に出ようとする動きをさせない

相手に体をピッタリつけて、うしろに相手がいることを確認しておくことが大切

両手をあげて、大きく踏みこみ、完全にシールすることが大切

相手の前に出て、完全にパスコースをふさぐことができるが、裏にロブパスを出されたときに対応できないのがフロントポジション。

かならず逆サイドにいる味方がヘルプに入れる状態であることを確認し、相手より広いスタンスでしっかりシールすることが大切だ。

また、サイドローやサイドハイポジションにいるときに、パスが出された瞬間に、フロントポジションに回りこむことができれば、確実にボールをうばうことができる。

Ⓓディフェンスリバウンド

つぎのシュートチャンスをうばい、自分たちのボールにするのがディフェンスリバウンドだ

相手がシュートを打った瞬間に、ディフェンスはリバウンドの準備をしなければならない。

リバウンドと聞くと、背が高い選手が有利と思ってしまうかもしれないが、ポジションさえとれれば、身長に関係なくボールをとることができる。

相手のオフェンスがボールをとるためにインサイドに入る動きを止めるボックスアウトをすることが大切だ。

しっかりボックスアウトするためには、姿勢を低くして、広いスタンスで、多少、押されても、動かない強いかまえをつくることが大切だ。

コートの左半分にいるときは、右手と右足、右半分では左手と左足を使って、相手の動きをしっかり追い、相手の動きに合わせてターン。相手の走りこむコースを完全にふさぐことが大切だ。ターン後はサイドステップで、自分より前に出させないようにしよう。

ムダのない正しいターンと、ターン後のステップワークで、相手より有利なリバウンドポジションを勝ちとろう。

シューターに対するリバウンド

シューターがリバウンドをとりにきたときの
ボックスアウトの動きを身につけよう

シューターが左にきた場合

シューターが自分の左側からリバウンドをねらいにきた場合、体の右サイドで相手の動きに合わせる

左足を軸にフロントターンして、相手のコースをふさぐ。相手の動きにタイミングを合わせてターンしよう

シューターが右にきた場合

右足を軸にバックターンしてコースをふさぐ。ターン後はサイドステップでポジションをキープしよう

5d-2

シューター以外に対するリバウンド

シューター以外の選手がリバウンドをとりにきたときも、
マークがしっかりボックスアウトして全員でバスケットを守る

右足を大きく踏みこみ、低い姿勢で相手のコースをブロックする

シュートを打った選手以外が、リバウンドをとりにきた場合は、マークしている選手が、しっかりボックスアウトすることが大切だ。

相手をせっかくシュートミスに追いこんだのに、すぐにリバウンドをとられてしまっては意味がない。

もっとも失点につながりやすい場面だけに、ボックスアウトして、チーム全員でバスケットを守ることが大切だ。

シューター以外の選手に対するボックスアウトも、シューターの場合と同じ。

自分の右にきた場合と左にきた場合で、バックターンとフロントターンを使いわけて、相手が走るコースに、体を入れるようにしよう。

姿勢は低く保ったまま、ターンするときも、のび上がらずに、体を左右に大きく使って、走りこんでくるコースをブロックしよう。

スタンスを広げ、腰を落として、少し押されても負けないような姿勢でポジションをとる

相手が回りこもうとしてきたら、サイドステップを使ってコースをふさぐ

相手が左にきた場合（右コートの場合）

コートの右サイドで相手が自分の左側に走りこんできた場合

右腕で相手の動きを追い、相手との距離をつめておく

走りこむコースがわかったところで、左足を軸にフロントターン

相手が右にきた場合（右コートの場合）

最初は、相手とバスケットの間にポジションをとり、どちらからくるか様子をうかがう

相手に近い右腕で、相手の動きを追いながら、走りこんでくるコースを読む

右側からバスケットに向かおうとしたところで、右足を軸にバックターン

あとがき

本書では、バスケットボールの技術やプレーに関する内容を中心に解説してきましたが、読んでおわかりの通り、すべてのプレーにおいて「準備」、「実行」、「後始末」が大切になります。

「準備」をどれだけ充実させるかで、「実行」の正確性が高まり、幅も広くなります。そして、それをさらに向上させていくために「後始末」があるのです。プレーをやりっぱなしでは、つぎのプレーの準備ができません。また、「実行」しただけで、それを省みなければ、向上はありません。つまり、「後始末＝準備」なのです。

これらは、バスケットボールのプレーだけではありません。練習に行ったときには、その準備があり、練習にのぞむ態度、練習後の後片づけがこれにあたります。

プレー以前に、これらの当たり前のことを、日ごろからくりかえし、習慣化しておくことが大切です。バスケットボールと日常生活全体が「よいつながり」になる関係をつくりたいものです。

バスケットボールは、たんなるスポーツ競技のひとつですが、そのバスケットボールとの関わりを通じて、気づき、感じ、学んだことは、これからの長い「生きていく道のり」の中でかならず活きてきます。

子どもたちだけでなく、指導者や保護者の皆さんも、ミニバスケットボールとの出会いから、「新しい自分」を見つけていただき、豊かな人生へとつなげていっていただければ幸いです。

プロフィール

奥野俊一 Author

（おくの しゅんいち）

1947年生まれ。NBAテレビ解説者。
京都大谷高等学校・中学校特別教育顧問。
東京教育大（現筑波大）卒。東芝男子（天皇杯準優勝）、第一勧銀女子（皇后杯優勝）など、日本トップレベルの監督・コーチを歴任。1989年全日本男子チームコーチ、1990年（U-20）アジアチャンピオンコーチとしてカナダ世界選手権出場。1989〜90年アメリカ・ケンタッキー大学にコーチ留学（日本バスケットボール協会）。NHK教育テレビスポーツ教室講師を8年間務め、現在はコーチクリニック、講演活動などで活躍中

詳しい経歴や活動内容は

奥野俊一オフィシャルホームページ

http://shunichi-okuno.com

●モデル Models

仲本ミニバスケットボールスポーツ少年団（後列・白）
埼玉県中部地区ドリームチーム男子（前列左・青）
和土ミニバスケットボールクラブ（前列右・白）

与野南女子ミニバスケットボールスポーツ少年団（後列左・白×オレンジ）
大宮中川女子ミニバスケットボールクラブ（後列右・白×紺）
埼玉県中部地区ドリームチーム女子（青）

撮影協力

Special Thanks

二ノ宮徹
（埼玉県ミニバスケットボール連盟普及技術委員長）

奥池賢二
（埼玉県ミニバスケットボール連盟普及技術副委員長）

近藤則彦
（埼玉県ミニバスケットボール連盟普及技術委員）

横山俊一
（埼玉県ミニバスケットボール連盟普及技術委員）

埼玉県さいたま市立和土小学校

STAFF

企画／制作／取材／構成　権藤海裕(les Ateliers)
執筆協力／取材協力　木内苗子　百瀬幸一
スチール撮影　河野大輔
DVD撮影・編集　SHOOTING FILM D.T.V.Production.
本文デザイン　帆苅政義(fan)
カバーデザイン　坂井栄一(坂井図案室)
DVD撮影・編集協力　アテナ産業株式会社

【DVDでよくわかる】
ミニバスケットボール
上達《じょうたつ》テクニック

2009年11月11日　初版第1刷発行
2016年7月11日　初版第6刷発行

監　修　奥野俊一《おくのしゅんいち》

発行者　岩野裕一

発行所　実業之日本社
〒153-0044　東京都目黒区大橋1-5-1 クロスエアタワー8階
電　話　03-6809-0452（編集）
03-6809-0495（販売）
実業之日本社ホームページ　http://www.j-n.co.jp/

印刷所　大日本印刷株式会社
製　本　大日本印刷株式会社

ISBN978-4-408-45245-6